Jörgen Smit

Geistesschulung und Lebenspraxis

# Geistesschulung und Lebenspraxis

## Die Grundstein-Meditation als Zukunftsimpuls

Jörgen Smit

Verlag am Goetheanum

*Diese Vorträge wurden gehalten im Rahmen einer Arbeitstagung
der Sektion für das Geistesstreben der Jugend
der Freien Hochschule für Geisteswissenschaft in Den Haag
vom 28. Dezember 1986 bis 3. Januar 1987.*

3. Auflage 1989

Einbandgestaltung von Gabriela de Carvalho

Gesamtherstellung Kirschgarten-Druckerei AG, CH-4010 Basel

ISBN 3-7235-0444-2

# Inhalt

# Vorwort

In der Weihnachtszeit 1986/87 versammelten sich in Den Haag mehr als zweihundert junge Menschen aus 22 Nationen zu einer Arbeitstagung der Jugendsektion der Freien Hochschule, Goetheanum, mit dem Willen, sich zu besinnen auf die gemeinschaftsbildenden «Grundstein»-Kräfte und sich mit diesem Zukunftsimpuls zu verbinden.

Der Tagung mit dem Thema «Geistesschulung und Lebenspraxis – Die Grundstein-Meditation der Anthroposophischen Gesellschaft als Zukunftsimpuls» ging eine länger als ein Jahr dauernde Vorbereitungsarbeit – individuell und in Gruppen, regional und international – voraus. Jörgen Smit, unter dessen Leitung (seit 1977) die Sektion für das Geistesstreben der Jugend in vielfältiger und kräftiger Weise belebt wurde, hielt auf diesem wohlpräparierten Boden eine Vortragsreihe zum Tagungsthema.

Mehrere hundert von einigen tausend Vorträgen, die Jörgen Smit in den letzten Jahrzehnten gehalten hat, waren für *junge* Menschen bestimmt. Es ist gewiß für ungezählte Zuhörer seiner Vorträge in aller Welt eine außerordentliche Freude, daß es nun möglich geworden ist, einige dieser Vorträge in Buchform herauszugeben. Die Teilnehmer der Jugendtagung in Den Haag freuen sich ganz besonders, nicht nur, weil es dadurch leichter wird, sich dieses «Intensivierungsereignis» zu vergegenwärtigen, sondern auch, weil diese Publikation zwei Elemente enthält, die

sie bei Jörgen Smit immer als Herzensanliegen erlebt haben: die
Vermittlung des *Zentral-Anthroposophischen* auf der einen Seite
und das unmittelbare Anrufen des *jungen, des werdenden Menschen* auf der anderen Seite.

Um dem Leser eine Vorstellung zu geben von dem Rahmen,
in dem diese Vorträge gehalten wurden, folgt am Schluß ein
Bericht zur Vorgeschichte und Durchführung der Tagung von
Stefan Weishaupt, dem wir auch die Initiative zur Tonbandaufzeichnung und -nachschrift der Vorträge verdanken. In diesem
Bericht ist auch die Zusammenfassung der nicht aufgezeichneten
Schlußansprache von Jörgen Smit enthalten.

Bei den Teilnehmern der Tagung waren anthroposophische
Grundkenntnisse vorhanden. Entsprechend richtet sich dieses
Buch an Menschen, die über einige Grundkenntnisse der Anthroposophie und die Anthroposophische Gesellschaft verfügen.

Die Herausgabe dieser Vorträge aus dem Kreis der Jugendsektion in die allgemeine Öffentlichkeit möge dem *werdenden*
Menschen helfen, den Zukunftsimpuls der Grundstein-Meditation mehr und mehr zu verwirklichen.

Dornach, Im Juni 1987                    *Rembert Biemond*

# I.

Die Weihnachtstagung 1923/24 ist ein besonderes Ereignis in
der Geschichte der anthroposophischen Bewegung und Gesellschaft. Ein Jahr vorher war das erste Goetheanum durch Brandstiftung vernichtet worden. Mit diesem ersten Bau war es gelungen, aus der Anthroposophie heraus alles, was leben konnte in
der Anthroposophie auch in Erscheinung treten zu lassen –
unmittelbar sinnlich wahrnehmbar in künstlerischer Gestaltung,
in einem Gesamtkunstwerk, wo alle Künste zusammenwirken
konnten: architektonisch, plastisch, malerisch, musikalisch, in
der Sprache, im Drama, in der Eurythmie, und zwar in einer
Weise, daß das Allerwichtigste dabei in den Seelen der Menschen geschieht, die sich da versammeln. Das ist das Besondere
an diesem Kunstimpuls: daß es niemals etwas in sich fertig
Abgeschlossenes ist, das absieht von den Menschen, die an dem
Kunstwerk teilnehmen. Vielmehr: was da entsteht in den Seelen, gehört zum Kunstwerk selbst: zum Gesamtkunstwerk. Und
dieses großartige Gesamtkunstwerk wurde dann im Hinblick auf
die physische Erscheinung durch die Brandstiftung hinweggenommen. Jetzt lag da auf dem Dornacher Hügel ein Trümmerhaufen. Nur die armselige Schreinerei-Baracke blieb noch übrig,
und die Skulptur des «Menschheitsrepräsentanten» wurde geret-
tet. Ein Trümmerhaufen. Wir müssen sehen: die ganze zehnjäh-
rige Arbeit in künstlerischer Tätigkeit war in einer Nacht vom
Äußeren hinweggenommen.

Wie war die Situation in der Menschengemeinschaft, in der dies alles leben sollte, der jetzt die ganze Grundlage weggerissen war? War das eine geschlossene Gemeinschaft, in der nun das alles in starker Kraft leben konnte? Dies so darzustellen, wäre falsch. Die Anthroposophische Gesellschaft war im Frühling 1923 selbst ein Trümmerhaufen, zersplittert und gespalten in verschiedene Gruppierungen, die gegeneinander offen kämpften, gelähmt und unfähig gegenüber den massiven Angriffen von außen, unreif gegenüber den gewaltig großen Menschheitsanforderungen. Die Dreigliederungsbewegung war eben, vor zwei Jahren, abgeblasen worden: ein Erfolg war – nicht nur, aber auch wegen Unfähigkeit nicht möglich. In einer furchtbar schwierigen äußeren Lage mit Inflation befanden sich verschiedene anthroposophische wirtschaftliche Unternehmen am Rande des Bankrotts, oder sie waren schon im Bankrott angekommen. – Das war die Situation im Frühling 1923 in der Anthroposophischen Gesellschaft, so daß Rudolf Steiner selbst sagen mußte, das Goetheanum liege in Ruinen auf dem Hügel, und die Anthroposophische Gesellschaft sei selbst ein Trümmerhaufen.[1] Was ist möglich zu tun in einer solchen Situation? Rudolf Steiner überlegte sehr realistisch und genau, was möglich sein könnte. Er dachte auch an die Möglichkeit, vorläufig auf alle die großen Aufgaben zu verzichten, nicht für die weitere Zukunft, aber vorläufig, weil es noch nicht möglich war, sie zu erfüllen, und sich zurückzuziehen und nur zusammenzuarbeiten mit einer ganz kleinen Gruppe von Menschen, in einer streng geführten Esoterischen Schule, in einem streng geführten Orden.

Es waren damals 12 000 Mitglieder in der Anthroposophischen Gesellschaft; heute sind es 43 000. Rudolf Steiner hätte dann nicht diese 12 000 mithineingenommen in diese Arbeit. Diese bildeten in bezug auf die Zusammenarbeit wie gesagt einen Ruinenhaufen. Er hätte vielleicht zwölf oder vierundzwanzig berufen und mit diesen nur in einem ganz kleinen Kreis intensiv für die Zukunft zusammengearbeitet. Aber so hat er nicht gehandelt. Er hat sich das tatsächlich überlegt, und diesen

Gedanken geprüft, und dann hat er genau das Umgekehrte getan: Mit einem gewaltig großen neuen Schritt nach vorne, viel stärker als früher, mit einem gewaltigen Zukunftsimpuls alle Kräfte aufrufend, hat er sich eingesetzt für die Menschheit in einer nächsten, gesteigerten Stufe der Realisierung der Anthroposophie, so daß die neue Esoterische Schule, die Freie Hochschule für Geisteswissenschaft, als Mysterienschule jetzt gleichzeitig Kern der ganz öffentlichen Gesellschaft sein sollte, Kern der Allgemeinen Anthroposophischen Gesellschaft als einer Weltgesellschaft.

Das ist der Impuls der Weihnachtstagung: Ein gewaltiger Schritt nach vorne, mit viel stärkerer Realisierung der Anthroposophie als vorher, und dies in einer Lage, die so dunkel, so in Finsternis gewesen ist. Man sollte nicht unterschätzen, wie schwierig diese Lage war. Wenn wir uns dieses Geschehen vergegenwärtigen, dann sehen wir in Großformat, mit weltgeschichtlicher Bedeutung, etwas, was jeder moderne Mensch in bescheidenem, kleinem Format, aber in der Richtung genau wiedererkennen kann: Welcher moderne Mensch hat nicht irgendwann eine dunkle Zeit, eine finstere Periode, in der alles, was man versucht hat zu realisieren, mißlingt, in der große Widerstände von außen kommen, so daß man die Situation realistisch einschätzen könnte als eine vorläufig vollständige Niederlage in bezug auf die Intentionen dessen, was man eigentlich tun wollte. Also: Schwarze Finsternis in einer Lebenssituation, wo es sehr naheliegend sein könnte, sich zu überlegen, was man da machen sollte, und sich vielleicht zu sagen: Es geht nicht; ich muß etwas ganz anderes tun, mich zurückziehen auf eine ganz kleine Sache und nicht einmal versuchen, die großen Ziele zu verwirklichen, die ich mir doch gesetzt habe. Oder, noch schlimmer: man flieht bis hin zu Selbstmordgedanken. In einer solchen Situation kann ein moderner Mensch etwas Neues tun, etwas Schöpferisches, Neues, gerade in der schwierigsten Situation, indem er über sich selbst hinausgeht in einer größeren, intensiveren Willensrichtung: zur Tat – natürlich, verglichen mit der Weihnachtstagung in bescheidenem Format. Aber der Vergleich ist nicht falsch. Denn was wir da sehen durch Rudolf Steiner in einem großen Format, mit weltgeschichtlicher Bedeutung, das kann jeder Mensch in der Richtung und in der Art in sich selbst finden und sagen: das kenne ich! Das ist der werdende Mensch! Der Mensch, der nie aufgibt, der in der finstersten Lage die Durchhaltekraft hat, durch diese Finsternis hindurchzugehen und dann einen neuen Schritt vorwärts zu tun. Diese Kraft, über sich selbst hinauszugehen, auch wenn es noch so wenig ist, ist die Kraft des werdenden Menschen, des geistigen Wesens des Menschen. Denn das geschieht niemals aus der Natur, das geschieht niemals aus den Instinkten heraus! Alles, was instinktiv und naturgegeben wäre, würde in den Abgrund versinken. Es kommt dieses Neue, Schöpferische, steigt auf in dem einzelnen Menschen, und er geht über sich selbst hinaus.

Wenn wir die ganze Lage der Menschheit der Gegenwart, im Jahre 1986, betrachten, dann können wir sagen: Das braucht jetzt die Menschheit im ganzen. Wenn wir die Reihe der Katastrophen (Beispiel: Tschernobyl...) im Laufe dieses Jahres überschauen, ergibt sich doch ein mächtiges Bild, das spricht: Jetzt ist es Zeit, aufzuwachen! So geht es nicht weiter! Wenn es so weitergeht wie bisher, geht es direkt in den Abgrund! Es muß etwas Neues getan werden! Keine Spur von Fluchtgedanken oder Hoffnungslosigkeit soll gezeigt werden, vielmehr ein Neues, Schöpferisches, das aus dieser finsteren Situation herausführt. Das ist die «Weihnachtstagung»: Es ist der werdende Mensch in der ganzen Menschheit, und er ist völlig weltoffen; keine Sekte, keine eng begrenzte, dogmatische Gruppierung, sondern eine weltoffene Gesellschaft mit einer esoterischen Schulung als Kern. Und was ist der Kern der esoterischen Schulung? Es ist der Mensch, der über sich selbst hinausgeht zu neuen Stufen der Erkenntnis. Wenn man nur sitzenbleibt in dem, was gewesen ist, dann spiegelt man nur die Vergangenheit. Eine wahre Erkenntnis ist schöpferisch und schreitet vorwärts zu neuen Möglichkeiten, durch die geistige Tätigkeit des Menschen, so, daß die Tätigkeit drinnen ist in der ganzen Menschheit, niemals abgeschlossen in sich. Alles, was lebt in dieser Intention, wurde von Rudolf Steiner gestaltet in den «Grundstein»-Sprüchen und lebt in dieser Meditation, in dieser geistigen Tätigkeit.[2]

Was betrachten wir, was nehmen wir wahr in der Grundstein-Meditation? Es ist die Menschenseele. Die individuelle, einzelne Menschenseele wird angesprochen, oder vielmehr könnten wir genausogut sagen: die einzelne, individuelle Menschenseele spricht zu sich selbst: «Mensch, erkenne dich selbst.» Das uralte Mysterienwort, das durch Jahrtausende gegangen ist, tönte auch in der vorigen Michael-Epoche, zu der griechischen Seele, aber ganz anders. Das Geistig-Göttliche im Inneren war von vornherein so stark, daß es genügte, sich darauf zu besinnen und es innerlich starkzumachen, um zu finden, was man eigentlich ist: fundiert im Geistigen. Deshalb gab es damals einen gewissen einheitlichen Zug, eine geistige Erbschaft, könnte man auch sagen. Sie genügte, um daraus zu gestalten. Sie strahlte noch herein in die Seele. Und die Seele wurde davon getragen, wenn man sich nur darauf besinnen wollte.

Aber das genügt heute nicht. Wenn der Mensch sich heute nur auf ein solches einheitliches Geistiges besinnt, geht es allzuleicht schief, geschieht es doch in einer einseitigen illusionistischen Weise, die gar nicht wahrhaft menschlich ist. Das Entscheidende ist heute, daß der Mensch nicht mehr diese große innere Erbschaft des tragenden Geistes in sich hat, vielmehr von dieser verlassen ist; nun ist seine Tätigkeit stark geworden im Individuellen. Es treten die bösen Widersachermächte, das Luziferische und das Ahrimanische, in den Vordergrund. Wenn sich der Mensch nur, wie in alten Zeiten, besinnen würde auf das einheitlich Göttliche in sich, so wie in der vorigen Michael-Epoche, dann würde ein Luziferisch-Geistiges oder ein Ahrimanisch-Geistiges erscheinen. Der Mensch der Gegenwart muß dieses Wort «Mensch, erkenne dich selbst» in drei Richtungen durchführen, sonst wird es nicht wahr. Die Wahrheit spricht dreigegliedert. Der Mensch sucht sich in drei Richtungen, wo auch die bösen Mächte nach rechts und links mitwirken. Und nur in dieser dreigegliederten Fragestellung arbeitet der Mensch der Gegenwart sich vorwärts bei dieser Frage der Selbsterkenntnis. So hören wir dreimal: «Menschenseele! Du lebest in den Gliedern», «...in dem Herzens-Lungen-Schlage», «...im ruhenden Haupte»; – drei ganz verschiedene Richtungen! In der eurythmischen Darstellung[14] der Meditation ist Finsternis dazwischen. Es ist nicht etwas Einheitliches, wo man das Geistige nur allgemein sucht. Nach drei Richtungen ist es deutlich voneinander getrennt, so daß jede Richtung für sich, spezifisch in ihrer Eigenart, wirken kann – alle drei mit der Aufforderung zu gesteigerter Tätigkeit: «Übe...Übe...Übe...!» Wenn dieses «Übe» weggenommen wird und man Selbsterkenntnis so sucht, daß Selbsterkenntnis ein Feststellen ist von dem, was gewesen, was vorhanden ist – eine durchgreifende Analyse des Vorhandenen –, dann ist es nicht die Weihnachtstagung. Das wäre Psychoanalyse oder etwas anderes. Dann bliebe man sitzen in dem, was gewesen ist, betrachtete nur genauer und genauer dasjenige, was vorhanden ist. Das ist es nicht. Man schreitet vorwärts. Wenn die Menschenseele die Wahrheit sucht, muß sie etwas tun. Wenn sie nur schlaff sitzt und so die Wahrheit bekommen möchte, bekommt sie Luzifer und Ahriman – Illusionen über Illusionen. Der Mensch in gesteigerter Tätigkeit, die über sich selbst langsam hinauswächst: das braucht die Menschheit in der Gegenwart; sonst ist ihre Existenz bedroht, die Existenz jedes einzelnen und die Existenz der Menschheit im ganzen.

Betrachten wir jetzt die erste Richtung: «Menschenseele! Du lebest in den Gliedern». Jetzt steigt die Aufforderung aus dem Innersten hervor: «Übe *Geist-Erinnern*». Was heißt das? Lassen wir zunächst das Wort «Geist» aus, so daß nur noch «Erinnern» steht, um dann deutlich zu sehen, was es heißt, wenn «*Geist-Erinnern*» steht – so wäre es eine Übung zur Steigerung der Erinnerungsfähigkeit. Jeder Mensch hat eine Erinnerungsfähigkeit, eine gute oder eine schlechte oder eine mittlere. Alle

Erinnerungsfähigkeiten können etwas gesteigert werden durch Übung. Das wäre: Übe Erinnerungsfähigkeit, so daß du alles genauer im Bewußtsein behalten kannst, was du gestern und vorgestern und vor zehn Jahren, während des ganzen Lebens getan hast: Erinnerungsfähigkeit, nicht «Geist-Erinnern». Das wäre Erinnerungsfähigkeit an der Oberfläche. Hier geht es aber um «Geist-Erinnern» in Seelentiefen.

Schon in dem ersten, einleitenden Kapitel des Buches «Wie erlangt man Erkenntnisse der höheren Welten?» kommt eine Übung vor, in der der Geistesschüler darauf verwiesen wird, sich kleine Zeitspannen zu schaffen, in denen er das vergangene Leben betrachtet – aber nicht nur durch Erinnerungsfähigkeit – so daß man genau weiß, was gewesen ist –, vielmehr von einer höheren Warte aus, als ob man eine andere Person wäre, wo man sich bemüht, das Wesentliche vom Unwesentlichen zu unterscheiden. Wenn ich das Wesentliche vom Unwesentlichen zu unterscheiden suche, dann gehe ich durch die Oberfläche hindurch in die Tiefe. Was ist eigentlich das Vergangene gewesen? Was kam da eigentlich hervor? Was war das Wesen des Geschehens? Was war mein eigenes Wesen in diesem Geschehen?

Da steigen wir immer in das Feld des Wollens. Es sind ja *Taten* durch das ganze Leben hindurch, was wir da in der Erinnerung betrachten, was wir getan haben mit unseren Gliedern in der Raumeswelt, mit anderen Menschen, in der ganzen Natur.

Da gibt es zunächst eine Oberflächenschicht. In dieser wollen wir bestimmte Ziele erreichen, nahe und ferne liegende: Jetzt möchte ich hierhin gehen, jetzt möchte ich dahin gehen; ich will aufstehen und mich ankleiden, von da aus zu weiteren und zu größeren Berufszielen – Willensrichtungen zu bestimmten Zielen. Diese sind natürlich sehr wichtig. Sie bilden das ganze Feld des Webens an dieser Oberflächenschicht. Aber wie groß und wahr auch diese Einzelziele sind – es gibt ein tieferes Wollen: Das ist der Wille des werdenden Menschen. Und dieser Wille geht über alle Einzelwillensziele hinaus. Das ist der tiefere Wille im einzelnen Menschen. Schon im kleinen Kind wirkend trägt er ihn von einem Tag zum nächsten, von einem Jahr zum nächsten, von einem Jahrzehnt zum nächsten, trägt ihn durch Lebenskrisen hindurch. Es ist der Wille des werdenden Menschen, was den Menschen über sich selbst hinausführt. Die tieferen Kräfte des Menschen haben da Bedeutung für das ganze Leben und zeigen sich in solcher Rückschau-Übung, wenn wir das Leben von einer höheren Warte aus verarbeiten: Der strebende Mensch, die ewige Individualität in der Arbeit am Stoff, auf der Suche nach dem eigenen Wesen und Ursprung. Das bedeutet: *«Geist-Erinnern»*. Und erst indem dieses stark wird, tritt etwas Neues hervor, was wir nur finden, wenn wir gleichzeitig die anderen Menschen und die ganze Welt entdecken, die nichtmenschliche Welt. Denn dieser werdende Mensch kann nicht isoliert für sich sein. Das wäre eine Illusion. Wenn wir in diesen werdenden Menschen hineinschauen, schauen wir gleichzeitig hinein in die anderen werdenden Menschen, mit denen wir verbunden sind in den Schicksalsgeschehnissen.

Was ist entscheidend in diesem Schicksalsgeschehen von Erdenleben zu Erdenleben, durch alle Kulturepochen hindurch? Ein Entscheidendes dabei ist, daß jedesmal, wenn wir in einem Erdenleben etwas getan oder ausgelebt haben, die Folgen davon in die Welt hinausströmen. Um das, hypothetisch, deutlich zu machen, kann man sich vorstellen, daß man sagen würde: Damit habe ich nichts zu tun, ich gehe meinen Weg weiter. Dies wäre selbstverständlich unwahr, eine Riesenillusion. Jeder Mensch ist geistig mit seinem Wesen darinnen, in allen Folgen der Taten, die er getan hat, in jedem Gedanken, in jedem Gefühl; und von jedem Willensimpuls gehen Wirkungen hinaus, und das Wesentliche, das Wahre im Menschen lebt auch in diesen Folgen. Die Konsequenzen dieser Folgen, die auch in den anderen Menschen leben, strömen zurück im nächsten Erdenleben in den Schicksalsereignissen. Ohne mich damit zu verbinden, würde ich mich abkapseln; es wäre die höchste Antipathie, Haß gegen sich selbst und gegen die Welt. Die wahre Suche nach dem Wesen ist immer in der Liebe. Ich bin mit der Welt vereinigt. Ich will mich von nichts trennen. Auch die schwersten Schicksalsschläge sind im tiefen Grund immer erfüllt von Liebe. Es ist ein Weiterschreiten zur Vereinigung mit dem Ganzen. Man kommt aus dem Ganzen, man will das Ganze nicht verlassen, will nicht die Folgen seiner Taten wegschieben, will die anderen Menschen wahrnehmen, wie sie in mir sind. Mit unserem höheren Wesen leben wir alle ineinander. Schicksalsgeschehen ist aus Liebessubstanz geboren, auch wenn es schmerzt. Die Sympathie, wenn man etwas liebt, weil man es gern hat, ist nur an der Oberfläche. Die Tiefe der Liebe schließt allen Schmerz in sich, wenn das zu den Folgen gehört, genauso wie Freude.

Wir sehen hier in dieser ersten Übung «Übe *Geist-Erinnern*» ein Hineinsteigen in die Seelentiefen zu diesem Urwesen, aus dem wir kommen, wo wir erst wahrhaft leben können. «Und du wirst wahrhaft *leben*». Das heißt auch umgekehrt: Wenn man das nicht tut, lebt man nicht wahrhaft. Es ist natürlich ein beständiges Suchen, nicht ein plötzlicher Übergang vom wahrhaften Leben zum nichtwahrhaften, es ist ein Suchen in der Richtung «Übe *Geist-Erinnern*... Und du wirst wahrhaft *leben* im Menschen-Welten-Wesen». Liebessubstanz – das ist die erste Richtung.

In der eurythmischen Darstellung der Grundsteinmeditation wird es dann dunkel: Es kommt die zweite, ganz andere Richtung. Die ganze Aufmerksamkeit wird jetzt auf das gerichtet, was in jedem Augenblick neu entsteht und wird im «Herzens-Lungen-Schlage»: auf das Werdende, die Welten-Werde-Taten, das Neue, das in jedem Augenblick geschieht im Fühlen, im Verhältnis zur Umwelt. Das ist eine *Begegnung*. Was ist das Neue, das in der Begegnung mit dem anderen Menschen geschieht? Es kann sehr vieles sein. Aber es hängt immer mit der Frage zusammen: Willst du dich mit dem Größeren vereinigen? – was nicht einfach ist, denn man will selbständig sein, man will doch nicht verschmelzen und verschwinden in dem, womit man sich vereinigen möchte. – Deshalb gibt es zwei Möglichkeiten. Die eine ist, daß man sich vereinigen will, aber dabei sich selbst verliert: Hysterie; man verschwindet hinein in die Außenwelt, verliert sich und wird abhängig ebenso von andern Menschen wie auch von dem, was einem in der Welt entgegenkommt. – Die andere Möglichkeit ist die der Selbstbehauptung: Ich will mich auf mich selbst konzentrieren; alles andere ist zuviel. Dann geschieht keine Vereinigung. – Das eine Mal kommt man gar nicht zum Vereinen, das andere Mal verliert man sich im Vereinen. Beides stimmt nicht, denn es heißt: «Das eigne Ich/Dem Welten-Ich/Vereinen». Und das wiederum hat zu tun mit der Übungs-Richtung. Man muß jetzt nicht *erinnern,* was das Wesen ist, sondern fragen: Was geschieht in diesem Augenblick? *Sich-Besinnen* darauf, was da vorgeht. Aber ein Besinnen kann auch so sein, daß es nicht «Geist-Besinnen» ist. Dann besinnt man sich an der Oberfläche. Jetzt soll das bewußt werden. Das Geistige soll im Besinnen bewußt werden – in dem, was aus dem Innern sich mit dem verbindet, was vom Umkreis kommt durch die anderen Menschen und durch die ganze Welt. Diese Verbindung geschieht im Fühlen. Wenn wir betrachten, was im Fühlen lebt, können wir stets sowohl Kälte als auch Wärme beobachten – Kälte, wenn man sich von der Welt abkapselt, Wärme, wen man in die Welt hineinströmt und sich selbst verliert. In diesen beiden Fällen verschwindet die Qualität des Fühlens. Aber in der wahren Vereinigung mit der Welt beginnt die Welt im Fühlen zu sprechen, und es hat Aussagekraft. Der Mensch spricht mit der Welt, die Welt spricht mit dem Menschen. Wir sehen hier eine ganz andere Richtung als in dem ersten Mantram. Im zweiten Schritt übt man zu beobachten, was im Herzens-Glied des Fühlens in jedem Augenblick geschieht im Gespräch mit der Welt und mit den anderen Menschen. «Übe *Geist-Besinnen*... Und du wirst wahrhaft fühlen...» Das heißt auch, daß, wenn man nicht so fühlt, man nicht wahrhaft fühlt; kalt oder schwärmerisch. «Übe *Geist-Besinnen*... und du wirst wahrhaft fühlen...» Dann wird es in der eurythmischen Darstellung wiederum dunkel. Jetzt kommt die dritte, abermals völlig andere Richtung: «Übe *Geist-Erschauen*».

Es geht nun um die Objektivität des Weltganzen, nicht um meine Meinungen; es geht um die Weltgedanken, die erschlossen werden sollen. Aber da muß erst eine Grundlage sein, und diese ist das toteste am Menschen, das abgeschlossenste: das Haupt. Das ist ein Schlußpunkt der schöpferischen göttlichen Welttätigkeit: im *Haupt* des Menschen. Und dieser Endpunkt kann deshalb Grundlage sein, daß man in ihm *ruhen* kann. «Menschenseele! Du lebest im ruhenden Haupte...» Erst auf dieser Grundlage ist es möglich, nach dem Erschließen der Welt-Gedanken zu suchen. Denn diese kommen nicht sofort. Was sofort kommt, ist wiederum oberflächlich: Vorstellungen, Meinungen, nicht die Welt-Gedanken, sondern oberflächliche Spiegelbilder von außen. Es geht aber um ein Streben, ein Wahrheitssuchen, und das muß erschlossen werden; dafür muß man einen Schlüssel bilden *in Tätigkeit*: «Übe *Geist-Erschauen*». Die Weltgedanken sollen erscheinen im Bewußtsein, wo die wirklichen Sinngebungen der ganzen Welt, die Weltenziele, die Götterziele in den Weltgedanken bewußt werden. Da öffnet sich eine neue Tür für das Wollen, das wir in der ersten Übung anders hatten. Denn durch dieses Licht kann der Mensch frei werden im Wollen. Nur das aus Einsicht Handeln führt auf den Weg zur Freiheit. Wenn dieses Erwachen nicht kommt, geschieht eine Handlung gemäß den instinktiven Grundlagen, wird sie verursacht durch äußere oder innere Umstände. Erst bei diesem Erwachen führt dieses Lichtgeschenk im freien Denken auch zu freiem Wollen. Und erst dann stellt sich das Denken in einer wahrhaften Weise in die ganze Weltentwicklung herein. «Und du wirst wahrhaft *denken*...» Bis dahin denkt man gewissermaßen unwahr.

Aber es ist ein Weg, ein Suchen, eine Strebensrichtung. In allen drei Richtungen geht es darum, daß wir mit einem naturgegebenen Ausgangspunkt beginnen, und dann fügen wir etwas Neues hinzu. Die Menschenseele betätigt sich schöpferisch in diesem Werdeprozeß drinnen in der ganzen Menschheit. Wir sehen, was jetzt eigentlich kommen muß, wie es brennt, denn es ist eine Lebensforderung, eine Existenszorderung der ganzen Menschheit.

Dieses Streben hat also auf der einen Seite das Innerlichste, Intimste im individuellen Menschen, in dem sich dieses Geistig-Neue tatsächlich vollzieht, was schöpferisch in den drei genannten Richtungen entwickelt wird, und gleichzeitig vollkommene Weltoffenheit.

Wenn wir jetzt auf die «Weihnachtstagung» schauen, so können wir sehen, daß die beiden Polaritäten des intimsten Inneren und des Weltoffenen beide ausgesprochen sind im Paragraphen 4 der Statuten (heute «Prinzipien») der Anthroposophischen Gesellschaft: «Die Anthroposophische Gesellschaft ist keine Geheimgesellschaft, sondern eine durchaus öffentliche. Ihr Mitglied kann jedermann ohne Unterschied der Nation, des Standes, der Religion, der wissenschaftlichen oder künstlerischen Überzeugung werden, der in dem Bestand einer solchen Institution, wie sie das Goetheanum in Dornach als freie Hochschule für Geisteswissenschaft ist, etwas Berechtigtes sieht.»[3] (Die letzten zwei Sätze lasse ich aus.) Hier sehen wir, daß als Mitglied der Allgemeinen Anthroposophischen Gesellschaft jeder Mensch willkommen ist, gleichgültig, wie er denkt, wissenschaftlich, künstlerisch und religiös. Jede beliebige wissenschaftliche Gedankenrichtung darf ein Mitglied haben beim Eintritt in die Allgemeine Anthroposophische Gesellschaft, man muß sie nicht an der Türe abgeben; jede beliebige künstlerische Gesinnung darf man haben und ist willkommen; jede beliebige religiöse Überzeugung, ob christlich oder moslemisch oder buddhistisch oder hinduistisch oder atheistisch, alle sind willkommen. Diese Gesinnungen und Überzeugungen müssen nicht sofort aufgegeben werden, sondern man kann ohne Rücksicht auf all das in die Gesellschaft eintreten. Sie ist tatsächlich weltoffen für die ganze Menschheit, so wie sie gewesen ist; das ist die Ausgangslage. Wir kommen aus ganz verschiedenen Ecken: Einer kommt aus einem stark protestantischen Haus, ein anderer aus einem tief katholischen, wieder ein anderer hat eine marxistisch-atheistische Überzeugung, welche die gesamte Gedankengestaltung des Menschen durchzieht. Ein anderer kommt aus einer buddhistischen Richtung. Wir haben in der Anthroposophischen Gesellschaft Mitglieder, die buddhistische Priester nicht nur gewesen sind, sondern es auch geblieben sind als Mitglieder der Anthroposophischen Gesellschaft. Auch Moslems, Hinduisten und orthodoxe Juden, die das Christentum ablehnen, befinden sich in der Anthroposophischen Gesellschaft. Also aus allen Weltenecken ist es für den Menschen möglich, aufzuwachen zu einer Strebensrichtung, die über seine Herkunft hinausgeht. Wieviele einzelne diese dann tatsächlich umwandeln, ist Sache des einzelnen. Das ist die große Aufgabe des werdenden Menschen: Was geschieht aus meinen Naturgrundlagen? Ich darf hineinkommen und mich beteiligen in diesem Feld des werdenden Menschen, aber jeder Mensch muß an den Erbschaften aus seiner Ecke arbeiten. Denn alles, was aus der Vergangenheit kommt, ob aus dem Hinduismus, aus dem Christentum, dem Judentum oder dem Buddhismus, ist gegenüber diesem werdenden Menschen etwas, was nicht in der Form haltbar ist.

Der einzelne Mensch wird also angesprochen, aus dieser inneren Kraft des werdenden Menschen weiterzuarbeiten, Neues zu entdecken, sich selbst umzuwandeln. Da sehen wir, daß die Anthroposophie völlig undogmatisch ist. Das Entscheidende ist, daß etwas real Geistiges geschieht – über dasjenige hinaus, was man vorher getan, gedacht und gefühlt hat. Der werdende Mensch wird dann stärker in Erscheinung treten. Deshalb hat alle Tätigkeit in der anthroposophischen Bewegung eigentlich in diesem Sinne einen experimentellen Charakter. Was meine ich damit? Wenn man nur sitzt und etwas ausdenkt, hat das nicht experimentellen Charakter. In einem Experiment entdeckt man ein Neues. Ein Experiment kann physisch-äußerlich sein; hier geht es nicht darum. Hier geht es um eine experimentelle Haltung in bezug auf das Geistige: Neues zu entdecken in jedem

Augenblick. Wir finden zusammen – das ist ein neues Geschehen. Es ist niemals in der anthroposophischen Bewegung eine Absicht, bestimmte Gedankenformen zu wiederholen und zu sagen: Das sind die richtigen Gedankenformen; die kann ich jetzt auswendig. Das ist keine Anthroposophie. Alle Gedanken sind sehr wichtig in der Anthroposophie. Sie müssen genau ausgestaltet werden. Anthroposophisch aber sind sie nur, insofern sie auch außerdem *transparent* sind. Ein nicht-transparenter Gedanke ist eine geschlossene Formulierung, daß etwas so und so sei, ein Dogma. Transparente Gedanken sind Durchgänge zu den geistigen Tatsachen. Was sind geistige Tatsachen? Begegnungen mit der geistigen Welt, mit den geistigen Wesen. Nur gibt es sehr viele Stufen. Man stößt auf geistige Tatsachen in der Anthroposophie, sonst lebt die Anthroposophie nicht. Aber das erste Stoßen auf solche Tatsachen hat den Charakter einer Vergeistigung der Tastwahrnehmung. – Wir denken uns: Jemand steht in einem physischen Raum, er ist blind, taub, hat keinen Geschmack, keinen Geruch, er hat nur Tastwahrnehmungen; ein hypothetisches Bild. Jetzt wacht er auf; wenn er sich in dem Raum bewegt, so stößt er bald auf eine physische Tatsache. Im Geistigen beginnt es auch mit einer Tastwahrnehmung. Man arbeitet in einem geistigen Feld, aber jetzt sind es nicht nur Gedanken, sondern darinnen stoße ich auf eine geistige Wirklichkeit. Aber vorläufig sehe ich nichts, höre nichts, geistig gemeint, nur Berührung findet statt. Das ist die erste Stufe. Aus dieser finsteren geistigen Tastwahrnehmung wird es mehr und mehr Licht, aber schon bei der ersten geistigen Tastwahrnehmung ist es ein Neues.

Bei der Gründung der Anthroposophischen Gesellschaft in Großbritannien, die Rudolf Steiner im Laufe von 1923, parallel mit der Gründung verschiedener Landesgesellschaften in Norwegen, Holland, der Schweiz und so weiter, in die Wege leitete, am 2. September 1923 in London, war er unmittelbar vorher in Penmaenmawr gewesen, am 19. August, also zwei Wochen vor der Gründung der Anthroposophical Society. Ich zitiere nun zwei Sätze von dem, was er da sagte: «Und diesen Unterschied der anthroposophischen Bewegung gegenüber anderen Bewegungen, den möchte man sich bestreben der Welt klarzumachen. Ihr Umfassendes, ihr Unvoreingenommenes, ihr Vorurteilsloses, ihr Dogmenfreies, daß sie bloß eine Versuchsmethode des allgemein Menschlichen und der allgemeinen Welterscheinungen sein will.»[4] Gesagt in Großbritannien, zum Volk des Experiments, der naturwissenschaftlichen Forschung. Er spricht gerade in England dieses Bedürfnis an. Jetzt ist es aber *geistig* experimentell gemeint: die ganze Anthroposophie als geistige Versuchsmethode ohne fixierte Dogmen mit bestimmten Gedankenbindungen, die man glauben müßte. Deshalb sagte Rudolf Steiner, man möchte, daß Anthroposophie «jede Woche einen anderen Namen» haben könnte. Man denke sich die Konfusion, wenn man jede Woche den Namen der Anthroposophie austauschen würde. Dann würde man sich auf einem schwankenden Schiff im brausenden Meer befinden. Das wäre eine Überforderung. Wir müssen ein bißchen festhalten: es gilt «Anthroposophie», und auch in der nächsten Woche wird es «Anthroposophie» sein. Aber es ist sehr gut zu wissen, daß Rudolf Steiner eigentlich wünschte, jede Woche einen anderen Namen zu finden, damit man ja nicht glaubt, das Entscheidende festhalten zu können; denn das wäre nicht die Anthroposophie. Sie ist eine *Versuchsmethode,* ein experimentell-geistiges Eingestelltsein, wobei etwas Neues geschieht, und zwar ein Schöpferisch-Neues in drei Richtungen.

In dem, was hier angedeutet wird, sehen wir, daß auf der einen Seite die Allgemeine Anthroposophische Gesellschaft die Intention hat, völlig weltoffen zu sein. Aber was geschehen soll, muß das tiefste, innerste *Geist-Erinnern, Geist-Besinnen, Geist-Erschauen* sein, also eine unmittelbare Geist-Erfahrung, unmittelbar auf dem Wege zur Einweihung in die Erkenntnisse der höheren Welten.

Gleichzeitig mit dem Paragraphen 4 heißt es dann in einem Brief «An die Mitglieder!» (vom 13. Juli 1924: «Etwas vom

Geist-Verstehen und Schicksals-Erleben»): «So kann im Arbei
ten der tätig sein wollenden Mitglieder die Anthroposophische
Gesellschaft zu einer echten Vorschule der Eingeweihten-Schule
werden».[5] Jetzt denke man sich diese ganze Spannweite: Alles,
was in der Anthroposophischen Gesellschaft geschieht, soll eine
«Vorschule der Eingeweihten-Schule» sein. Das heißt: Geist-
Erfahrung, unmittelbare eigene Geist-Erfahrung! Und gleichzeitig heißt es im Paragraphen 4, daß niemand abgewiesen werde,
sondern alles, was in die Allgemeine Anthroposophische Gesellschaft hineinkomme, als berechtigte Ausgangslage betrachtet
werde. Nun muß aber daraus etwas geschehen, und daher gibt es
eine Bedingung: daß der Betreffende «in dem Bestand einer
solchen Institution, wie sie das Goetheanum in Dornach als freie
Hochschule für Geisteswissenschaft ist, etwas Berechtigtes
sieht». Das ist der Weg zur Erkenntnis der höheren Welten.
Man ist aufgewacht dazu, daß es diese Entwicklungsmöglichkeit
der Erkenntnis gibt. Lehnt man das ab, dann sollte man anders-
wo suchen. Es handelt sich hier um den werdenden Menschen in
der Erkenntniswende. Dann beginnen wir mit dem Gegebenen
zu arbeiten. In diesem großen Schmelztiegel der Vergangenheit
für Zukunftskeime geht es vorwärts.

Nun geschah diese entscheidende Begründung der Anthroposophischen Gesellschaft nicht in einer friedlichen Zeit. Man
denke sich hypothetisch eine ruhige Friedenszeit, in der Menschen sich treffen und gemeinsam zu arbeiten beginnen an
etwas, was dann ruhig hätte wachsen können. Das ist nicht der
Fall gewesen. Es ist im 20. Jahrhundert und es war keine friedliche Zeit, vielmehr tobte der wüsteste Sturm, der je in der
Menschheitsgeschichte ausgebrochen ist – die größte Unruhe,
die größte Entfaltung aller Widersachermächte zur Ausrottung
von dem, worum es in der Anthroposophie geht. Deshalb müssen wir diese Weihnachtstagungs-Situation, diesen Zukunfts-
keim hineingesetzt sehen nicht in eine friedliche Zeit, sondern in
eine sturmkriegerische Zeit, in der alle Kräfte zusammengenom-
men werden müssen, um diesen Impuls durchtragen zu können.

Dieser Sturm, dieser Krieg hat selbstverständlich nicht haltgemacht vor den Türen der Anthroposophischen Gesellschaft, weil es eben auch stürmte und Krieg gab in den Seelen der Anthroposophen – aus den Ecken heraus, aus denen ein jeder kam.

Wenn wir deshalb zurückblicken auf die Jahre, die vergangen sind seit der Weihnachtstagung, diese 63 Jahre, so ist da erstaunlich viel Schönes und Positives. Was in den Tausenden von Menschenseelen alles geschehen ist, wo Neues in einem jeden Menschenleben durch die Anthroposophie möglich wurde, neues Erfassen der Schicksalssituationen – ein Unendliches an Zukunftskeimen lebt da in den einzelnen, was auch nach außen tritt in den Schulen, den heilpädagogischen Institutionen, in der Eurythmie, der Landwirtschaft und so weiter. Wenn wir das zusammennehmen, muß man aber doch sagen: Es ist zu klein geblieben im Verhältnis zu den Anforderungen, auf die es in der Gegenwart ankommt! Man muß realistisch sagen, daß wir vorläufig zu kurz gekommen sind. Keine Entschuldigung und keine Ursachenerklärung, denn wir sehen uns mittendrin in diesem Sturm, in dieser kriegerischen Zeit draußen und drinnen, und sehen, daß nur wenig gelang. In bezug auf eine Sache sind wir am meisten zu kurz gekommen: Unmittelbar vor der Weihnachtstagung hat Rudolf Steiner einige Vorträge gehalten zur Betrachtung der Anthroposophischen Bewegung und Gesellschaft.[6] Am 11. Juni 1923 sagte er, eine besondere Aufgabe in der Anthroposophischen Gesellschaft sei dann, zu einem «Gesellschafts-Ich» zu kommen. Das sei kein abstrakter Gedanke, den er da meine, es sei ein Wesen, ein gemeinsames Ich in der gesamten Anthroposophischen Gesellschaft, eine geistige Wesenheit, von der man wisse, daß sie in uns allen wirksam sei. Das sei, so fügt er hinzu, sehr schwierig. Denn im allgemeinen sei es nicht schwierig, in einer Gruppe von Menschen zu einem solchen Gemeinschafts-Ich zu kommen. Aber dann geschehe es auf Kosten der Wahrheit, zum Beispiel in irgendeiner Partei oder Sekte, wo dann wirklich eine geistige Wesenheit diese Menschengruppe zusammenhalte, aber eben unter Verlust der Wahrheit. In der Gegenwart könne es nur wahr werden, wenn es durch die Individualität gehe – bedingungslose Wahrheitssuche des einzelnen, und trotzdem könne man in der gegenseitigen Auseinandersetzung zu der nächsten Stufe des gemeinsamen Ich gelangen. Dann sagte Rudolf Steiner, in dieser Hinsicht sei die Anthroposophische Gesellschaft – 1923, also noch unmittelbar vor der Weihnachtstagung – «nicht einmal in den Anfängen». Er sagte nicht, daß da bereits etwas angefangen worden sei, sondern: «nicht einmal noch in den Anfängen». Es liegt ganz in der Zukunft. Daran müssen wir arbeiten in den nächsten Tagen. Diese gewaltige Spannung zwischen Individualität in jedem einzelnen und einer nicht sektiererischen Gemeinschaft, die ein Gemeinschafts-Ich ausbilden soll. Wie ist das möglich?

# II.

Gestern versuchte ich die ganze Spannweite unserer Arbeit in der Anthroposophischen Gesellschaft auszudrücken durch zwei verschiedene Gesichtspunkte. Der eine Gesichtspunkt war die *Weltoffenheit,* was durch den 4. Paragraphen der Prinzipien der Anthroposophischen Gesellschaft seinen Ausdruck findet: Daß man ganz von seinen wissenschaftlichen, künstlerischen oder religiösen Überzeugungen absehen kann, ebenso wie von den eigenen Meinungen, und als Mitglied trotzdem willkommen ist. Es gibt kein Dogma, keinen Gedankeninhalt, zu dem man sich bekennen müßte, um Mitglied werden zu können. Dann muß es aber auch möglich sein, daß jeder beliebige Mensch in die Anthroposophische Gesellschaft hineinkommen und sich auch wohlfühlen, sich heimatlich fühlen kann! – Worin besteht dies, daß man sich zu Hause fühlen kann? Darin, daß eine innerste Sehnsucht vorhanden ist – egal, woher wir kommen –, weiterzugelangen zu einer tiefen Erkenntnis. Das ist allen gemeinsam: Man will nicht stehenbleiben, dort, wo man gewesen ist, man sucht tiefer.

Dann kam der andere Gesichtspunkt hinzu, der darin besteht, die Anthroposophische Gesellschaft – um den Ausdruck von Rudolf Steiner zu benützen – als eine echte *«Vorschule der Eingeweihten-Schule»* zu betrachten, so daß das Leben in der Anthroposophischen Gesellschaft so intensiv ist, daß es eine direkte Geist-Erfahrung vermittelt in jeder Begegnung, in jeder

Zusammenkunft. Es geht dann nicht darum, bestimmte Gedanken aufzunehmen und in der Erinnerung festzuhalten oder dergleichen, sondern durch die Gedankenarbeit hindurch geistige Tatsachen wahrzunehmen. Und das ist immer neu, tief und überraschend. Wenn wir diese Spannweite betrachten und dann etwas Umschau halten in verschiedenen Zweigen, in Studiengruppen, dann können wir sehen, wie schwierig dies ist. Man muß etwas gründlich gedanklich erarbeiten. Dann kommt man langsam zu der direkten geistigen Erfahrung. Deshalb ist Kontinuität erforderlich! Es ist sehr schwierig, wenn zu einer solchen intensiven Arbeit neue Teilnehmer hinzukommen. Wenn eine Gruppe von zehn, zwanzig, dreißig Menschen monatelang an einer Sache gearbeitet hat, und es beginnt wirklich geistig intensiv zu werden, dann kommt plötzlich ein Neuer herein. Also muß man wieder von vorne beginnen. Der Neue bringt Fragen herein, hinterfragt das eine und andere, und zwar mit Recht. Man spürt, daß die Fragen ehrlich aus dem Herzen kommen, denn man hat selbst diese Fragen gestellt, ist aber jetzt ein bißchen weitergekommen. Aber nun soll man wieder von vorne beginnen... Deshalb entstand allmählich eine Neigung in einigen Zweigen zu einer gewissen Abgeschlossenheit. Da ist es fast unmöglich für andere, hineinzukommen. Und wenn dann doch ein Neuer hinzukommt, drehen sich alle um und schauen, wer hereinkommt. Nun muß man sich vorstellen, wie das gefühlt wird, wenn man hineinkommt und alle schauen einen an: Jetzt kommt ein Neuer. Das ist sehr schwierig, und der Neuling wird die Neigung haben, sofort wieder zu verschwinden.

Dann gibt es andere Zweige, die genau das Umgekehrte tun. Die fühlen die große Aufgabe in dieser Weltoffenheit; sie sind völlig offen für jedermann. Man kann sozusagen von der Straße direkt hineingehen, ohne auch nur zu fragen; und jedesmal sind neue Menschen da. Deshalb muß man jedesmal bei den einfachsten Grundlagen wieder beginnen, in völliger Vorurteilslosigkeit: Wie ist das: gibt es überhaupt eine geistige Welt? Das muß man erst untersuchen. Was heißt überhaupt Reinkarnation? Ist das etwas Richtiges? Ist es vielleicht eine Illusion? – Man muß jedesmal neu beginnen, als ob man nichts wüßte. Das hat etwas sehr Anregendes, etwas sehr Aufforderndes, aber es ist sehr extrem, fast, als fände die anthroposophische Arbeit auf dem Marktplatz statt. Alle Gegenwartsfragen strömen durch immer neue Menschen dort hinein. Dann zeigt es sich stets in solchen Zweigen, daß sich einige Mitglieder melden und sagen: So geht das nicht weiter! Wir müssen Anthroposophie arbeiten! Das ist doch nicht Anthroposophie, was wir tun! – Doch, sagen die anderen, das ist es gerade, daß es hineingeht in die ganze Öffentlichkeit, in die Menschheit. – Haben wir im Laufe der letzten drei Jahre über die Hierarchien gearbeitet? Keine Spur. Das wäre zu schwierig, man müßte es langsam vorbereiten und allmählich die Grundlage aufbauen, um zu dem Verständnis verschiedener geistiger Wesenheiten kommen zu können. Das geht doch nicht so schnell. – Und damit läßt man es liegen und arbeitet nicht daran, sondern beginnt noch einmal mit der «Metamorphose der Pflanze». – Es ist berechtigt, aber als Extrem eines großen Spektrums.

Sehr oft geht es so, daß ein Zweig oder eine Studiengruppe sich einseitig nach dem einen oder anderen Extrem hinentwikkelt. Es ist schwierig, einen Zweig so zu führen, daß die ganze Spannweite repräsentiert wird. Es gibt aber mehrere Wochentage, so daß man verschiedene Gruppierungen haben kann und damit verschiedene Arbeitsmöglichkeiten, so daß alle Stufen des Spektrums zu ihrem Recht kommen können. Gliederung der Arbeit! Aber hier kommen wir zu einem tiefen Rätsel, zu schwierigen Aufgaben, und deshalb ist es wichtig, das ganze Schwergewicht dieser Aufgabe genauer ins Auge zu fassen.

Hierzu müssen wir eine kleine geschichtliche Darstellung ins Bewußtsein rufen, um dann langsam zu dem entscheidenden Punkt zu kommen. Wie war es in den vorigen Jahrhunderten, im 16. – 19. Jahrhundert, in bezug auf diese Frage der geistigen Erkenntnis, des Einweihungsweges im Verhältnis zum öffentlichen Kulturleben? Im 16., 17., 18. und 19. Jahrhundert lebte die

Initiation in den Rosenkreuzergemeinschaften, aber nur für ganz wenige Menschen, hinter verschlossenen Türen. Wenn die Rosenkreuzer hinausgingen in das alltägliche Leben, haben auch sie dort viel Fruchtbares getan, sich nicht irgendwie abgeschlossen, auch nicht egoistisch für sich gearbeitet; aber sie haben keinen Versuch unternommen, den Initiationsweg direkt und unmittelbar lebendig werden zu lassen in der kulturellen Betätigung auf künstlerischem, wissenschaftlichem oder jedem anderen Gebiet. – Da entwickelt sich auf der einen Seite die materialistische Zivilisation mit der Naturwissenschaft in der Richtung vollständiger Technisierung, und das war weltgeschichtlich sehr gut und notwendig. Die ganze Menschheit, in Europa und Amerika richtete die Aufmerksamkeit nach außen auf das Stofflich-Materielle – im Experiment und in den Verstandesbegriffen, die daran geknüpft werden können mit einer soliden Sicherheit. Am Anfang des 20. Jahrhunderts ist die Menschheitssituation radikal neu. Der Weg der zunehmenden Zivilisation führt in den Abgrund. Vorher führte dieser Weg nicht in den Abgrund, aber jetzt ist er sozusagen mit seinen Möglichkeiten zu einem Abschluß gekommen. Zwar soll und kann er nicht aufhören; aber als alleinwirkender muß er aufhören, denn er ist, als der einzige Weg, jetzt nicht mehr zureichend. In seiner einseitigen Übertreibung führt er zur Zerstörung der Natur. Die Seelen werden kaputtgemacht. Es läßt sich nicht länger so leben. Das soziale Gefüge geht kaputt. Im 20. Jahrhundert schwebt der Mensch über dem Abgrund der Existenzbedrohung, zugrundezugehen, wenn jetzt nicht das Bewußtsein des Geistigen erwacht. Seit dem 20. Jahrhundert kann man in Wirklichkeit nicht mehr menschenwürdig leben, ohne für das Geistig-Wesenhafte aufzuwachen, um dann von da aus das Leben neu zu gestalten. Was heißt das? Das heißt, daß vom 20. Jahrhundert an Initiation als Prinzip, als Aufgabe nicht mehr jenseits der Zivilisationsaufgaben bleiben kann, als Inspirationsquelle nur für wenige Menschen, sondern sie soll mitten hinein in das Zivilisationsleben, so daß es dort umgestaltend mitwirkt.

Die Anthroposophie ist nicht nur eine persönliche Sache – sie ist selbstverständlich auch eine persönliche, individuelle Sache mit der Frage nach der Befruchtung des eigenen Seelenlebens –, sie ist eine Menschheitsaufgabe mit weltgeschichtlicher Notwendigkeit. Da gibt es Stufen in jedem einzelnen Menschenleben, wie schnell man das entdeckt: Wie lange verharrt man auf der ersten Stufe, wo die Anthroposophie als unentbehrlich für die eigene Seele empfunden wird? Wie lange dauert es, bis man von diesem Nur-Persönlichen zu der Entdeckung kommt, daß man in der Weltgeschichte und in der Menschheitsentwicklung drinnensteht?

Initiation muß das Zivilisationsleben durchdringen und befruchten. Eine offensichtliche und notwendige Aufgabe in der Weihnachtstagung steht am Ende des dritten sog. Paragraphen: «Diese [geisteswissenschaftlichen] Ergebnisse sind auf ihre Art so exakt wie die Ergebnisse der wahren Naturwissenschaft. Wenn sie in derselben Art wie diese zur allgemeinen Anerkennung gelangen, werden sie auf allen Lebensgebieten einen gleichen Fortschritt wie diese bringen, nicht nur auf geistigem, sondern auch auf praktischem Gebiete.»[7] Das heißt: Die geisteswissenschaftlichen Ergebnisse aus der geistigen Erfahrung, in gedanklicher Form ausgedrückt – so daß sie verständlich und nicht auf bloßen Gedankenglauben angewiesen sind, sondern durch die Form des Gedankens die substantielle Geist-Erfahrung direkt ermöglichen –, können alles befruchten, verwandeln und umgestalten. Es ist eine weltgeschichtlich notwendige Aufgabe, an den Existenzbedingungen des werdenden Menschen mitzuarbeiten, sonst gehen wir in den Abgrund.

Da türmen sich aber enorme Schwierigkeiten auf; diese wollen wir etwas genauer ins Auge fassen. Wir haben zuerst gesehen, daß die esoterische Schule Kern der Allgemeinen Anthroposophischen Gesellschaft wird und deshalb auch schon die Allgemeine Anthroposophische Gesellschaft eine Vorschule in Richtung der Geist-Erfahrung ist. Gleichzeitig will sie sich aber auch in die Öffentlichkeit hineinstellen und will beteiligt sein an allen

Gegenwartsfragen; in Kunst, Wissenschaft, im sozialen Leben, in allen praktischen Belangen. Wie geht das?

Es stehen Worte an manchen Stellen in Büchern von Rudolf Steiner, die einen erstaunen und begeistern, aber auch zweifeln lassen können: «Der gesunde Verstand versteht die Anthroposophie.» Wenn man also nur ein gesundes Denken hat und vorurteilslos ist, wird man die Geisteswissenschaft verstehen. Es ist nicht nötig, hellsichtig zu sein. Unmittelbar im Herzen, durch den gesunden Verstand kann man Anthroposophie verstehen. Begeisterung! Aber auch Zweifel! Es gibt doch Tausende von Menschen, die furchtbare Schwierigkeiten haben, die Anthroposophie zu verstehen. Haben die also keinen gesunden Verstand? Das liegt tatsächlich in dieser Aussage. Das hat Rudolf Steiner gemeint. Er hat gemeint, daß Millionen von Menschen in der Gegenwart zunächst ungesund sind. Der Verstand ist krank geworden. Worin besteht dieses Ungesunde? Wenn man es nur als Schimpfwort nimmt, so ist nichts damit gesagt, und es hilft nichts.

Im 16., 17., 18. und 19. Jahrhundert orientierte sich die Menschheit aus einem sehr gesunden Trieb zur Klarheit und Sicherheit nach dem naturwissenschaftlichen Experiment, nach der äußeren Gegenstandswelt. Das war keinesfalls ungesund. Dadurch erhielt man eine starke und sichere Grundlage auch des Selbstbewußtseins, womit dann weitergearbeitet werden konnte. Jetzt kommt aber der Bruch im 20. Jahrhundert, jetzt ist es fällig, einen neuen Schritt zu vollziehen – ohne die Errungenschaften der Naturwissenschaft wegzulassen, denn die Kraft, die durch die Naturwissenschaft gewonnen ist, bleibt nicht nur auf den äußeren Stoff gerichtet, sondern wird hinaufgehoben und mit ebensolcher Wachheit und Klarheit auf das Seelisch-Geistige gerichtet: «Seelische Beobachtungsresultate nach naturwissenschaftlicher Methode»[8]. Ihre Stärke und Klarheit kann auch in ihrer Anwendung auf das Geistig-Seelische fortleben. Das Motto könnte erweitert werden: «seelische und geistige Beobachtungsresultate nach naturwissenschaftlicher Methode». Es geschieht nun aber das Folgende, und zwar durch Trägheit: Man glaubt, den Boden unter den Füßen zu verlieren, und wird unsicher, sobald man sich nicht mehr auf dem Boden physisch-sinnlicher Tatsachen abstützen kann. Das gehört aber nicht zur naturwissenschaftlichen Methode. Es ist eine unterbewußte Furcht davor, daß man sich selbst verliert, sobald man den Boden physischer Tatsachen verläßt – aus Schwachheit im Innern! Aus dieser Furcht bilden sich Vorurteile, die sich nicht ergeben aus dem Naturwissenschaftlichen, sondern aus der Furcht, die die Auffassung erzwingt, alles in der Welt könne nur so aufgefaßt werden wie ein äußerliches Stofflich-Materielles.

Nun könnte man sagen, dies sei eine leicht zu überwindende kleine Illusion. Aber diese Illusion beginnt, sich zu verdichten, und nach und nach wird sie zu einer Mauer, zu einer dicken Mauer, bestehend aus Furcht: Das Geistig-Wesenhafte soll nicht sein. Es bildet sich eine Mauer, und diese schließt die Seele ein, so daß sie gefangen ist. Eine solche Mauer kann sich nur aus Schwäche bilden. – Sie kann aber auch von einigen Menschen gebildet werden, die das nötige Wissen besitzen und die diese Mauer haben wollen, um andere Menschen dirigieren zu können. Und das ist der Fall. Solche Mauern entstehen tatsächlich aus Furcht in den einzelnen Seelen. Sie werden dann aber auch gezielt befestigt: aus Machtinteressen solcher Menschen, die andere manipulieren wollen. Deshalb kann dieser Vorgang «okkulte Gefangenschaft» genannt werden. Es sind Mauern, die verhindern, daß man weitergehen kann. Es ist eine weitverbreitete millionenfache «okkulte Gefangenschaft», die in diesem Jahrhundert stattfindet, und das ist es, wodurch der Verstand ungesund wird. Die Mauer muß abgebaut werden, damit der Verstand gesund werden kann. Und es ist eine große Frage, ob das in dem einen oder andern Menschen möglich ist, je nach seiner Lebenslage, nach seiner Konstitution, individuellen Kraft, nach seiner Wahrheitssuche. Wie groß muß die Wahrheitssuche in einem Menschen sein, um diese Mauer zu durchbohren? Kann man sich gegenseitig helfen? Welche Möglichkeiten gibt es da?

Der Ausdruck «okkulte Gefangenschaft» möchte ich etwas erläutern. Er kommt meines Wissens bei Rudolf Steiner in zwei Zusammenhängen vor. Das eine Mal in seiner Darstellung der Biographie von H.P. Blavatsky[9], das andere Mal in bezug auf die Sache, die ich jetzt darstelle. H.P. Blavatsky hatte übersinnliche Erfahrungen, aber keine große Denkkraft. Sie war ein hervorragendes Medium, in das wie durch offene Schleusen die geistigen Erfahrungen direkt hineinströmten aus der geistigen Welt. Sie hatte eine gewisse Begabung, diese Erfahrungen anderen in bildhafter Art mitzuteilen. Aber sie hatte keine Fähigkeit, durch eine scharfe denkerische Tätigkeit, ihre Erfahrungen zu verarbeiten. Nun begann sie Verschiedenes zu offenbaren und mitzuteilen – was andere nicht wünschten. Was machten diese jetzt? Durch Suggestion und Hypnose bauten sie in der Seele von H.P. Blavatsky eine Mauer auf, so daß sie von einem gewissen Zeitpunkt an nicht mehr die Möglichkeit hatte, die geistigen Erfahrungen, die sie noch fortwährend hatte, weiterzuerzählen. Hier haben wir «okkulte Gefangenschaft» in der einen Bedeutung des Wortes. Die andere Bedeutung kommt bei Rudolf Steiner in bezug auf Mauern, die aufgebaut werden, um etwas zu behindern, die ebenso gezielt aufgebaut werden. Das Folgende hat Rudolf Steiner drei Tage vor der Gründung der Anthroposophical Society of Great Britain gesagt: «Ich mußte heute zum Beispiel darauf aufmerksam machen, wie der Zivilisation selber eine Art okkulter Gefangenschaft droht – und mehr als man meint, ist gerade das gesamte Geistesleben in unserer Zeit vor der Gefahr dieser okkulten Gefangenschaft.» Etwas später, in der selben Ansprache: «Gewiß, überall ist die physische Welt ausgefüllt mit Geistigem, aber man irrt sich über die Beziehung der irdischen Welt zur überirdischen Welt, wenn man nicht die Möglichkeit hat, in das wirkliche, wahrhaftige geistige Forschen hinzulenken. Und so ist das, was ich heute morgen erwähnt habe: dieses nur aus naturwissenschaftlichem Denken, wie es heute üblich ist, Herausschöpfenwollen und nur dieses Gestattenwollen, dasjenige, was die okkulten Mauern der Gefangenschaft bringt.»[10]

Man sollte vorsichtig sein mit einem solchen Wort und es nur in exakter Bedeutung gebrauchen. Ich sage das ausdrücklich, weil der Begriff «okkulte Gefangenschaft» in der Geschichte der Anthroposophischen Gesellschaft eine nicht sehr günstige Rolle gespielt hat, indem man dieses Wort als Schimpfwort verwendete. Wenn man einen anderen Mitarbeiter nicht mochte, dann sagte man einfach, er sei in okkulter Gefangenschaft. So geschah es mehrmals, durch Jahrzehnte, in der Anthroposophischen Gesellschaft, wo man gegen einen Mitarbeiter, den man nicht mochte, zu anderen erklärte: Es ist nichts zu machen, er befindet sich in okkulter Gefangenschaft. Damit hört die Kommunikationsmöglichkeit auf. Da muß man sich sehr hüten.

Die anthroposophische Arbeit ist ein geistiger Kampf. Die Mauern der okkulten Gefangenschaft müssen überwunden werden, denn sie befinden sich in allen Seelen. Sie können nicht durch Gewaltworte oder Postulate niedergerissen werden. Wenn man sagt: Das Geistige ist da! so hilft das nichts. Es muß getan werden, so daß die Mauern schmelzen durch die geistige Tätigkeit im Denken, so daß das Geistige im Denken anwesend ist. Der Mensch muß die geistige Suche selbst in sich entzünden, sonst kann die Mauer nicht abgetragen werden. Sie muß von jedem einzelnen Menschen selbst durchbohrt werden. Aber man kann sich gegenseitig helfen; man kann sich anregen in den menschlichen Begegnungen, wenn man in dem anderen etwas spürt. Dann entdeckt man die entsprechende suchende Kraft in sich selbst, Vorurteile überwinden zu wollen und zu einer neuen direkten Erfahrungsweise kommen zu wollen.

Hier sehen wir wiederum einen wichtigen Vorgang aller anthroposophischen Tätigkeit: Jede anthroposophische Erkenntnistätigkeit hat die Gesetzmäßigkeit in sich, daß sie *dünn* beginnt. Und das ist gerade gesund. Man wird nicht überwältigt, so daß sich etwas in einen hineinbohrt, dem man dann folgen muß.

Es sind Gedanken, die an der Peripherie beginnen; am Anfang sind sie furchtbar dünn. Dann müßen sie langsam verdichtet werden durch Arbeit und Kontinuität. Und was geschieht in dieser langsamen Verdichtung der Weltgedanken, die aus den geistigen Tatsachen, den geistigen Wesen sprechen? Was folgt, ist nur möglich, wenn im Denken das Wollen erwacht. Wenn das Denken passiv bleibt, dann bleibt es auch dünn und verschwindet sofort wieder. Wenn das Wollen aufsteigt, befreit wird und zu leben beginnt, dann kommt es von der großen Peripherie und wird dichter und dichter, so daß der Erkenntnisvorgang Lebenswirklichkeit wird. So daß ich sagen kann: Vor diesem Geschehen war mein Leben anders als nachher. Es ist kein blasser Gedanke, es ist ein Geschehen. Gleichzeitig geschieht etwas anderes: Am Anfang der anthroposophischen Arbeit ist es oft so, daß man eine anthroposophische Erkenntnistätigkeit hat, zwar dünn, aber man ist begeistert, und nach und nach geht es besser. Aber dann hat man sein übriges Leben, und das geht völlig unverändert weiter, als ob nichts geschehen wäre.

Und jetzt geschieht etwas völlig Neues. Indem die Erkenntnistätigkeit sich zu verdichten beginnt und Wirklichkeit wird, fängt das Leben an sich zu verändern und aufzuhellen, so daß nach und nach die beiden völlig zusammenstimmen. Das Leben wird Erkenntnisbild. Das ist die Situation in der wir stehen. Aus jedem Geschehen vom Morgen bis zum Abend spricht etwas heraus, was zu mir gehört in der Erkenntnistätigkeit zwischen Mensch und Welt. Es ist nicht mehr getrennt. Erkenntnis wird Leben, Leben wird Erkenntnis. Es beginnt eine Zusammenarbeit, eine gegenseitige Durchdringung – was nur möglich ist durch Lebensveränderung: aus Einsicht handeln («Philosophie der Freiheit»[11]). Wenn man nicht aus Einsicht handelt, handelt man aus Trieben, sozialen Beziehungen, Machtgelüsten, Machtdruck, aus den tausendfältigsten Ursachen, aber das ist keine freie Handlung. Die freie Handlung entsteht nur aus Einsicht. Sie kommt aus dem Geistigen, das im Wollen zu wirken beginnt. Damit wird das Wollen befreit aus den Trieben des Körperlichen und aus den sozialen Zwangs-Beziehungen, so daß es geistig zu sprechen beginnt. Das ist Lebenskunst. Ein Hauptmotiv der Kunst ist, daß das Naturgeschaffene, so wie wir es ohne unsere eigene Tätigkeit vorfinden, nicht so bleibt, wie wir es vorfinden, sondern es wird als Stoff emporgehoben und geistig durchdrungen.

Diese Lebenskunst ist die Quelle und das Urbild für alle Künste; Malerei, Tonkunst, Architektur: überall gibt es Stoffliches, das man nicht liegenläßt, so wie es gewesen ist, sondern es wird emporgehoben zu einer neuen Stufe durch die geistige Tätigkeit des Menschen, so daß jetzt das Geistige unmittelbar aus der sinnlichen Erfahrung in der Kunst spricht.

Was ich jetzt als Lebenskunst und dann als Kunst in allen verschiedenen Sinnengebieten charakterisiert habe, ist die Überwindung von allem Sektiererischem. Denn es spricht unmittelbar und direkt von Herzen zu Herzen, wenn man es bemerkt. Wenn man indessen diese Stufe der Lebenskunst und der durch diese inspirierten Einzelkünste nicht versucht zu erreichen, sondern vorher stehenbleibt, muß es deshalb nicht unbedingt sektiererisch sein. Es kann bereits in der ersten Stufe der Erkenntnisschule völlig weltoffen sein, auch bevor man zu dieser nächsten Stufe der künstlerischen Entfaltung gekommen ist. Aber es wird doch in der Praxis oft sektiererisch, wenn man nämlich *Gedanken* faßt und nicht zu dieser künstlerischen Durchdringung im eigenen Werden kommt. Dann bleiben es nur allzuleicht Gedanken, die man als Glaubensdogmen festhalten will; und das ist sektiererisch, auch wenn die Gedanken richtig sind. Nur dadurch, daß sie steif werden, ist es schon dogmatisch und sektiererisch und ein Hauptfeind der ganzen Anthroposophie, wie es im Paragraphen 4 der Prinzipien der Anthroposophischen Gesellschaft heißt: «Die Gesellschaft lehnt jedes sektiererische Bestreben ab.» Aber wiederum muß man hier sagen: Man kann das behaupten und sagen, man wolle nichts Sektiererisches haben, und trotzdem kann man bis zur Nase voll sein mit Sektiererischem. Es ist ja nicht damit getan, daß man fordert, das solle es nicht geben. Das ist nur ein erstes Aufwachen. Wir müssen jeden Tag, jedes Jahr an diesem Problem arbeiten, so daß das Sektiererische überwunden wird. Wenn man glaubt, es sei schon überwunden, taucht es gleich durch die Hintertür wieder auf und breitet sich sofort wieder aus. Es ist eine beharrliche Macht, die die Anthroposophie im Unterbewußten angreift. Schlaffheit, Lahmheit und Passivität sind es, die dem Sektiererischen die Tür öffnen. Das Sektiererische kann nur überwunden werden durch tätiges Schaffen, so daß etwas tatsächlich vorgeht, was Ausstrahlungskraft hat. Dann kann man es sehen, und dann ist es nicht sektiererisch. Dann sind es Kulturtatsachen, die Ausstrahlungskraft haben. Was bedeutet es, wenn Eurythmie wirklich stärker und stärker in das ganze Kulturleben hineinkommt? Völlig unsektiererische, geistige Ausstrahlung im unmittelbaren Wahrnehmungsfeld! Aber dasselbe ist der Fall bei der Lebenskunst. Wenn diese langsame Lebensverwandlung in den einzelnen Menschen geschieht, dann hat das Ausstrahlungskraft. Dann kommen neue Menschenbegegnungen, und man sieht nach und nach, was da für gewaltige Menschheitsaufgaben sind.

Ich habe jetzt erst dieses Weltgeschichtliche angedeutet. Das Initiationsprinzip steigt hinab und wirkt mit in allen Kulturbelangen, und zwar direkt, bewußt, so daß man auch weiß, worum es geht. Wenn wir dieses so betrachten, betrifft es nicht nur die ganze Menschheit, die ganze Weltgeschichte – es wirkt auch konkret in bestimmten Zusammenhängen, in denen man steht, zum Beispiel in Mitteleuropa, Großbritannien, Südamerika. Die menschheitliche und weltgeschichtliche Dimension gilt für alle Menschen. Aber es kommt hinzu, daß jeder einzelne in einem engeren geschichtlichen Zusammenhang steht, den man ausklammern kann – um sich dann in eine entsprechende Illusion hineinzuleben –, den man aber auch aufgreifen und bewußt durchdringen kann.

Was ist mit Mitteleuropa in diesem Jahrhundert geschehen? Die ganze geistige Entwicklung der Menschheit lief in einen Engpaß durch dasjenige, was sich emporgearbeitet hatte in dem vorigen Jahrhundert im deutschen Idealismus und was jetzt im

Goetheanismus weitergeführt werden könnte in einer großen Kulturentfaltung für die ganze Menschheit. Das fruchtbarste Gebiet für diesen Durchbruch, für diese Durchdringung des Initiationsprinzips mit dem ganzen Kulturleben wäre doch zu dieser Zeit Mitteleuropa gewesen. Und genau da, wo diese Aufgabe fällig wird, wirkt massive Zerstörungsgewalt. Man braucht dabei nicht von Schuld zu sprechen, wer das angezettelt hat usw. Wir können das vorläufig nur als ein großes, gewaltiges, tragisches Geschehen betrachten, wie das zerschmettert, aufgeteilt, zerspalten wurde. Die Durchdringung des Initiationsprinzips mit dem kulturellen Leben wird gelähmt. Wir sehen, wie wir mitten in den großen geschichtlichen und in den etwas kleineren Zusammenhängen drinnenstehen. Wir können nicht die okkulte Gefangenschaft, mit der jede Menschenseele bedroht werden kann, überwinden in uns selbst und andere Menschen anregen, daß sie ihre Mauer abbauen, ohne diese ganze Kulturaufgabe Mitteleuropas weiterzuführen. Das gehört zur Aufgabe der Anthroposophischen Gesellschaft.

Es gibt eine geistige Gesetzmäßigkeit, die wir hier auch wahrnehmen können. Als mit gewaltiger politischer, militärischer und wirtschaftlicher Macht, ohne große Mühe, Rom Griechenland unterjochte – was geschah da? Ich möchte zuerst Rudolf Steiner zitieren, wie er diese geistige Gesetzmäßigkeit darstellt: «Man solle sich nur einmal fragen, ob denn wirklich der äußere Aspekt – eine Nation hat eine andere von sich abhängig gemacht in physischer Beziehung, in den materiellen Angelegenheiten der Welt – geistig maßgebend ist. Man sieht nicht immer, wie diejenige Nation, die die andere materiell von sich abhängig gemacht hat, spirituell abhängig geworden ist von derjenigen, die sie materiell abhängig gemacht hat.»[12] Rom wurde abhängig von der griechischen Kultur. Indem Rom Griechenland politisch, militärisch, materiell unterjochte, wurde Rom darauf angewiesen zu fragen: Ihr müßt uns helfen, wir können nichts auf kulturellem Gebiet. Alles, was in Rom kulturell fruchtbar war, kam von Griechenland. Rom ist kulturell völlig abhängig von den Griechen geworden, indem es sie unterjochte. So sind die russische Macht und die amerikanische Macht, die Deutschland zusammen zerquetscht haben, geteilt haben, spirituell vom deutschen Geist abhängig geworden. Sie werden ohne ihn nicht überleben können.

Hier hat die Anthroposophische Gesellschaft die weltgeschichtliche Aufgabe, sich mit allen Kräften einzusetzen für diesen großen Menschheitsvorgang. Wiederherstellung des werdenden Menschen in jedem einzelnen Menschen, aber auch in jedem Kulturgebiet, in Kunst, Wissenschaft und allen praktischen Lebensangelegenheiten.

Hier kommen wir in ein nächstes Gebiet. Solange man in der anthroposophischen Tätigkeit klein bleibt, das heißt zum Beispiel in Studiengruppen mit zehn bis dreißig Menschen, wo man sich zusammenschließt und arbeitet – fruchtbar und anregend in einer kleinen geistigen Gemeinschaft –, braucht man sich nicht um das Geld zu kümmern. (Als ich jung war, hatten wir eine anthroposophische Studiengruppe, mieteten einen Raum, und am Abend zählten wir die Anwesenden und verteilten die Kosten für die Miete auf die Anwesenden, und es war bezahlt – ohne Vermögen, ohne Rechenschaftsberichte, völlig unproblematisch.) Wenn die Betätigung aber zu wachsen beginnt – und das muß sie, wenn wir die Kulturaufgaben ergreifen wollen –, spielt das Geld eine andere Rolle. Wenn wir das nicht wollen und ins 19. Jahrhundert zurückgehen, das Initiationsprinzip aus dem Kulturleben wieder herausnehmen, indem wir auf dessen Gestaltung verzichten, dann brauchen wir uns auch nicht um das Geld zu kümmern. Wenn man aber aufsteigen will von kleinen Studiengruppen zu größeren Aufgaben, so muß man das Geld miteinbeziehen, und das ist furchtbar schwierig. Überall dort, wo Geld (nicht in so kleinen Beträgen wie in dem eben genannten Beispiel, sondern in großen Millionenbeträgen) massiv vorhanden ist, geschieht etwas, worauf man sehr achtgeben muß.

Ich will hinweisen auf die Situation im Sommer 1923. Es gab nach dem Brand des ersten Goetheanum einen Prozeß. Denn hätte Nachlässigkeit nachgewiesen werden können, hätte man die Versicherungssumme nicht erhalten. Deshalb wurde sowohl polizeilich wie auch richterlich in einem Prozeß mit Zeugen der Vorgang geklärt. Die Zeugen konnten aussagen, daß die elektrische Anlage des Goetheanum noch funktionsfähig war, als die Flammen bereits emporloderten; damit war bewiesen, daß der Brand nicht durch Kurzschluß verursacht worden war. Die Versicherungsgesellschaften wollten zunächst nicht bezahlen, aber sie wurden durch richterlichen Beschluß am 15. Juni 1923 gezwungen, 3,2 Millionen Schweizer Franken an den Bauverein des Goetheanum zu bezahlen. Das war eine sehr große Summe. Auch heute ist es keine kleine Summe, aber man muß mindestens mit drei multiplizieren, wenn man die Währungsverhältnisse von damals und heute berücksichtigt. Es wären, übertragen auf heutige Währungsverhältnisse, etwa zehn bis zwölf Millionen Franken. Nun waren viele Anthroposophen sehr erfreut, daß der Prozeß gewonnen war und nun diese Summe für den zweiten Bau zur Verfügung war. Zwar würde man noch mehr Spenden benötigen, aber das war doch bereits ein sehr erfreulicher Anfang. Da beginnt Rudolf Steiner das Geldverhältnis in bezug auf das erste Goetheanum darzustellen – wie jeder Franken aus Opferwilligkeit, aus Liebe gespendet wurde. Menschen, die diesen Bau für die Mysteriendramen, für den großen bildenden Impuls Rudolf Steiners haben wollten, spendeten ihr Geld aus Opferwilligkeit: «Vom Dornacher Hügel herunter schimmerte ein Bau, der in jedem Kubikzentimeter Holz, in jedem Kubikzentimeter Stein eingebaut hatte *anthroposophischen Willen*, *anthroposophische Opferwilligkeit*. Diese moralische Substanz war in das erste Goetheanum hineingebaut.

Meine lieben Freunde, nun würden wir beginnen mit drei Millionen Franken, von denen viele Franken aus den Taschen derjenigen stammen, die nicht nur etwa kein inneres Interesse an dem Goetheanum haben, sondern ein Interesse daran haben, daß dieses Goetheanum nicht sei. Und wenn das Goetheanum vom Dornacher Hügel wiederum herunterschimmern wird, dann wird nicht allein anthroposophische Opferwilligkeit hineingebaut sein, dann wird hineingebaut sein dasjenige, was außerhalb des Anthroposophischen im Gefüge der gegenwärtigen Welt gang und gäbe ist. Das wird ganz ein anderer Bau sein, vom inneren geistigen Gesichtspunkt aus angesehen... Jetzt bauen wir das Goetheanum auf in einer Richtung, die tragisch ist. Ein tragisch gebautes Goetheanum ist etwas anderes als das Goetheanum, das wir 1913, 1914 in Angriff nehmen konnten...

Und im Grunde genommen konnte man mit freudigem Herzen 1913 zu bauen beginnen. Beginnt man heute zu bauen, dann ist es fast notwendig, daß man das Bauen – weil es durch die Notwendigkeit gefordert wird, weil es nicht anders sein kann, als daß man baue –, daß man das unter Tränen beginnt.»[13]

Jetzt sehen wir den Riesenunterschied zwischen dem zweiten Bau und dem ersten Bau: Der zweite Bau muß gebaut werden, wir müssen alles tun, es ist gut, daß wir daran arbeiten können, aber unter Tränen. Es ist ein tragisches Gebäude.

Wir müssen die ganze Geldfrage betrachten. Denn diese führt zu der Schwelle, wo das Initiationsprinzip hineinsteigen will, um nicht mehr hinter verschlossenen Türen – sozusagen privat – zu verbleiben, sondern hineinsteigen will in das Kulturleben der Gegenwart. Deshalb muß die Geldmacht durchdrungen werden, erlöst werden, genauso wie die okkulte Gefangenschaft in den Vorstellungen erkannt werden muß. Da möchte ich morgen beginnen, dann kommen wir wieder zurück zum «Grundstein»-Spruch.

# III.

Gestern habe ich das sehr schwierige Problem in bezug auf das Geld erwähnt und durch ein Beispiel aufgegriffen. Geldmacht muß in jeder bewußten menschlichen Tätigkeit durchleuchtet werden. Es geht nicht darum, daß man irgendwie sagt, Geld wäre schlecht. Geld ist ein sehr gutes, absolut notwendiges Mittel. Es geht nur um die bewußte Durchdringung, daß man nicht schläft und glaubt, sobald Geld da sei, sei alles in Ordnung. Es kommt darauf an, wie man es gestaltet, daß man weiß, woher es kommt, wohin es fließt, so daß die ganze Kraft der inneren Führung nicht vom Geld bestimmt wird, sondern daß das Geld bestimmt wird von den Menschen, die es gestalten wollen. Deshalb spricht Rudolf Steiner mit so scharfen Worten über das Versicherungsgeld – was nicht dahingehend mißzuverstehen ist, daß man nun mit dieser Versicherung nichts zu tun haben will, keine Prämien zahlt und auch nicht das «schlechte» Geld bekommt. Das ist es nicht. Der Bauverein («Verein des Goetheanum» als im Handelsregister eingetragener Rechtsträger) hatte doch Versicherungspolicen unterzeichnet, Prämien bezahlt und also auch erwartet, daß man die Versicherungssumme bekommt. Wenn man sie nun ausbezahlt erhielt, aber meinte, das Geld wäre «schlecht», so bestände doch kein Problem darin, es wieder wegzugeben. Rudolf Steiner wollte aber das Geld verwenden für das zweite Goetheanum. Das zweite Goetheanum sollte gebaut werden – es war unbedingt notwendig für die anthroposophische

Tätigkeit. Nur betont Rudolf Steiner scharf, daß diejenigen, die sich nur über das Geld freuen, ohne den erwähnten Zusammenhang zu sehen, eine «Opposition gegen die Anthroposophie» bildeten – das sind ja enorm scharfe Worte: «Opposition gegen die Anthroposophie» –, wenn man schläft in bezug auf solche Geldangelegenheiten. Auf allen Stufen der anthroposophischen Tätigkeit, wo man über kleine Verhältnisse hinausgeht, muß man Geld miteinbeziehen. Sonst müßte man verzichten auf jede größere Tätigkeit, auf jede Stoßkraft im Kulturleben, auf jedes In-Erscheinung-Treten in größeren Zusammenhängen. Eigene Häuser, Bühnen und so weiter wären unmöglich ohne beträchtliche Geldsummen. Dabei ergibt sich die gewaltige Aufgabe, es zu durchleuchten und es bewußt zu handhaben. Das ist die Aufgabe, und nicht: das Geld wegzuschmeißen. Es geht darum, eine Macht zu überwinden und umzuwandeln. Worin besteht das Schädliche in der Macht des Geldes, wenn es nicht durchleuchtet wird? Dann wirkt es hinein in die menschlichen Beziehungen!

Jedesmal wenn ein Mensch arbeitet für andere Menschen – jede Arbeit ist ja auch für andere Menschen –, wo also etwas in einem größeren Zuammenhang getan wird, handelt es sich um tiefe Schicksalsbeziehungen, Schicksalsbegegnungen, Wesensbegegnungen, Wesensauseinandersetzungen: Das gilt für alle menschliche Tätigkeit. Wenn jetzt das Geld nicht durchleuchtet ist, dann geschieht es, daß die Tätigkeit bezahlt werden kann. Jetzt kommt dieser Schatten, insofern das Geld nicht bewußt durchleuchtet wird, und stellt sich dazwischen. Wiederum zitiere ich äußerst scharfe Worte von Rudolf Steiner: Wenn Arbeit durch Lohn bezahlt wird – ohne daß man wirklich diese Geldbeziehung durchleuchtet –, dann verhindert das ein Verständnis von Reinkarnation und Karma. Ein Schatten steigt auf und legt sich dazwischen. Wenn man es durchleuchtet, ist es nicht im geringsten schwierig zu verstehen, denn alles was mit Wesensbeziehung zu tun hat, muß rein und unmittelbar wahrgenommen werden, und aus diesem Schicksalsreich kann man dann das Geld bestimmen, ordnen, disponieren und bewußt handhaben.

Wenn es aber umgekehrt wird, so daß die Geldmacht undurchleuchtet dazwischenkommt, dann sieht man nicht, was in den
menschlichen Beziehungen geschieht. Und das ist eine Hauptge-
fahr der Gegenwart. Bedenken wir, was für eine große Macht
das Geld hat in allen internationalen Beziehungen: Gewaltige
Geldmengen, die hin und hergehen, und gewaltige Dispositio-
nen, die da abrollen – ohne eine Spur von unmittelbaren
menschlichen Wesensbeziehungen! Da beginnt diese Geld-
Macht sozusagen wie eine große anonyme Masse zu wirken.
Selbstverständlich sind auch hier bestimmte Menschen damit
verbunden, die davon Gebrauch machen, aber diese Macht wird
so groß, daß die Menschen sie nicht mehr beherrschen können.
Sie sitzen sozusagen auf dem Rücken eines großen Tieres und
glauben, sie könnten es führen. In Wirklichkeit werden sie
mitgetragen von diesem großen Tier.

Es geht also darum, zu sehen: Wenn die Anthroposophie nicht
hinter dem Busch bleiben will – in kleinen, persönlichen, über-
schaubaren Zusammenhängen –, sondern beginnt, kräftig in die
Welt hinaus zu wirken, muß man das Geld miteinbeziehen, und
zwar als Großkapital, sonst kommt man nicht zum Zuge. Dann
kommt diese gewaltige Auseinandersetzung. Schauen wir hinein
in unsere Institutionen, und wir stellen die Frage: Ist das Geld
durchleuchtet oder nicht? Es ist sehr unterschiedlich, in welchem
Maß es gelingt oder nicht gelingt. In der Regel bleibt immer ein
gewisser Rest undurchleuchtet, weil es so schwierig ist, dieses
Problem bis auf den Boden mit Bewußtsein zu durchdringen und
aufzuhellen. Oft bleibt etwas im Hintergrund, im Undurch-
schaubaren, in nicht ganz geordneten Verhältnissen. Es ist eine
ständige Aufgabe, selbst wenn man dies einmal in einer Institution ganz durchdrungen hätte, so daß Geld ein klar durchschau-
tes Mittel für die Arbeit und für die gegenseitigen Beziehungen
in der großen Gemeinschaft ist, und wenn auch alle menschlichen Beziehungen klar sind und das Geld nur das Mittel dafür
ist, so wäre es doch wieder anders – schon in der nächsten
Woche. Denn dort, wo Bewußtseinslücken entstehen, schleicht

sich diese Macht hinein. Es muß also ständig neu gegriffen werden, in jeder neuen Situation, sonst schleicht sich diese Macht hinein und deckt wie eine Mauer das Wesentliche zu: die menschliche Begegnung, die menschliche Schicksalsbeziehung. Wir können das «Schicksalsreich» nennen. Da liegt diese gewaltige Zukunftsaufgabe für die ganze Menschheit. In dieser Hinsicht muß die Allgemeine Anthroposophische Gesellschaft als eine Pioniergruppe betrachtet werden, weil sie dieses Bewußtsein, dieses Schicksalsreich, so stark zu erobern sucht mit einer Kraft, die groß genug ist, bis zu den Geldverhältnissen alles zu durchdringen. Dann kann das Bewußtsein heilend hineinwirken in die größeren menschlichen Beziehungen. Wenn es aber schlaff wird, bleibt die Anthroposophie im persönlichen Bereich und hat keinerlei soziale und kulturelle Stoßkraft, sie bleibt im Hinterstübchen stecken – was ja nicht schlecht ist; nur ist es eine viel größere Aufgabe, daß die Anthroposophie in der Gegenwart hinaustreten soll, mitwirken soll in der großen Auseinandersetzung des Kulturlebens, in der ganzen sozialen Gestaltung der Menschheit.

Betrachten wir nun dieses Schicksalsreich genauer: die Allgemeine Anthroposophische Gesellschaft als Schicksalsreich, ohne abgeschlossene Grenzen, wachstumsfähig mit den Menschen, die sich ihr anschließen wollen. Es sind nicht nur der einzelne Mensch und die ganze Menschheit im allgemeinen, was wir in Betracht zu ziehen haben, sondern auch viele Zwischenqualitäten. Jeder Mensch entstammt einem bestimmten Volk, lebt in einem bestimmten geographischen Gebiet, einer bestimmten Landschaft. Es ist doch sehr unterschiedlich, ob man in Holland arbeitet oder in Cornwall oder auf Sri Lanka, ob man in Sao Paulo lebt oder in Norwegen. Man hat es jeweils mit einem anderen Stoff, einer anderen Ausgangslage zu tun in der Lebenskunst, und deshalb werden die Früchte auch überall anders sein.

Zunächst können wir das Folgende, sehr Interessante wahrnehmen: Wo beginnt die Anthroposophie zu entstehen? Eindeutig im deutschen Gebiet. Das ganze deutsche Kulturleben bewegte sich vorwärts, kam zu einer großen entscheidenden Bruchstelle, wo eine neue Stufe fällig wurde. Rudolf Steiner hat diese Stufe erstiegen: nämlich ins allgemein Menschliche, wo alle begrenzende Nationalität völlig überwunden wird. Das Rein-Menschliche wird ausgestaltet. Alles, was vom Volk kommt, war Mittel und Stoff, an dem man gearbeitet hat. Es erscheint der werdende Mensch. Dieser Durchbruch geschah im deutschen Kulturgebiet. Dann wuchs die erste Anthroposophische Gesellschaft heran, zunächst nur im deutschen Gebiet, dann breitete sie sich weiter aus.

Wie war die Lage 1914, unmittelbar vor dem Ersten Weltkrieg? Da war also diese erste «Anthroposophische Gesellschaft», zunächst in Deutschland (mit dem Zentrum an der Motzstraße 17, Berlin), aufgebaut durch Rudolf Steiner und Marie von Sivers (Marie Steiner), mit vielen Zweigen in Deutschland, darüber hinaus in Norwegen, Großbritannien usw. In Norwegen zum Beispiel waren damals nur zwei Zweige, in Oslo und in Bergen. Sie waren beide angeschlossen an das Zentrum Motzstraße, Berlin, als Gruppen der (deutschen) Anthroposophischen Gesellschaft, aber in Norwegen. Ebenso waren die Gruppen in Großbritannien an das Zentrum angeschlossen. Dann brach der Weltkrieg aus. Für das neutrale Norwegen war dieser Anschluß kein Problem. Deshalb blieben die Gruppen in Oslo und Bergen durch den ganzen Ersten Weltkrieg an das Zentrum angeschlossen. Was sollten aber die Engländer tun? Ihre Gruppen waren auch an das Zentrum Motzstraße, Berlin, angeschlossen, also «beim Feind». Sofort wurde von den Engländern eine kleine Änderung vorgenommen: sie bildeten eine eigene Landesgesellschaft in Großbritannien, damit man nicht das Zentrum «beim Feind» hatte.

Nun ereignete sich die große Katastrophe mit dem Brand des ersten Goetheanum, mit zerrütteten Verhältnissen in der ganzen Anthroposophischen Gesellschaft, mit internem Streit, mit Lähmungen gegenüber allen Aufforderungen im Frühling 1923. Und jetzt tat Rudolf Steiner den nächsten großen Schritt hin zur

Weihnachtstagung. Er reiste in mehrere Länder, wo dann Landesgesellschaften gegründet wurden, bevor die Weihnachtstagung stattfand. So entstanden im Laufe des Jahres 1923 autonome Landesgesellschaften in Norwegen, in Holland, in Großbritannien und so weiter – alles im Hinblick auf die Weihnachtstagung, die noch kommen sollte am Ende des Jahres.[15] Die Landesgesellschaften sollen die «Internationale Anthroposophische Gesellschaft» konstituieren, die «Allgemeine Anthroposophische Gesellschaft» (beide Ausdrücke werden von Rudolf Steiner benutzt im Laufe des Jahres 1923, «Allgemeine Anthroposophische Gesellschaft» weniger oft als «Internationale Anthroposophische Gesellschaft»). Dann erschien das Programm mit der Einladung zur «Gründungsversammlung der Internationalen Anthroposophischen Gesellschaft».[16] Es stand im Programm: «Grundsteinlegung der Internationalen Anthroposophischen Gesellschaft durch Dr. Rudolf Steiner» am Dienstag, 25. Dezember 1923. Mittwoch, 26. Dezember 1923: «Mitgliederversammlung». Thema: «Die zukünftige Arbeit der Internationalen Anthroposophischen Gesellschaft und der Ländergesellschaften». Schon am Weihnachtsabend, bevor diese Gründung stattfand, sagte Rudolf Steiner: «Ich deute Ihnen nur stimmungsgemäß an, was mich dazu bewogen hat, nunmehr diese Aufgabe zu übernehmen, der Anthroposophischen Gesellschaft selber vorzustehen. Diese Anthroposophische Gesellschaft – solches geschieht ja oftmals – hat schon mancherlei Bezeichnungen gefunden. So zum Beispiel hat sie die Bezeichnung gefunden: Internationale Anthroposophische Gesellschaft. Nun, meine lieben Freunde, sie soll nicht eine internationale, sie soll nicht eine nationale Gesellschaft sein, und ich möchte hier die herzliche Bitte aussprechen, das Wort Internationale Gesellschaft niemals zu gebrauchen, sondern nur davon zu sprechen, daß es eine *Allgemeine Anthroposophische Gesellschaft* gibt, die ihren Mittelpunkt haben will hier am Goetheanum in Dornach.»[17] Wir sehen, wie das Wort «International» im Programm gedruckt wurde, und dann sagte Rudolf Steiner: jetzt lassen wir diese

Bezeichnung, denn sie stimmt nicht. Es ist nicht eine nationale, und es ist nicht eine internationale, es ist die Allgemeine Anthroposophische Gesellschaft. Was liegt darin? Alles Nationale wird in der Allgemeinen Anthroposophischen Gesellschaft überwunden: alles Chauvinistische – ob «deutsch» oder «norwegisch» oder «französisch» oder irgend etwas anderes –, nur rein allgemein-menschlich. «International» ist aber aus zwei Gründen unzureichend als Bezeichnung. Zunächst heißt das nur «zwischennational», und das reicht nicht aus. Es geht um das Umfassend-Menschliche, als Urgrund der Menschheit. Das wird als Zentrum der ganzen Menschheit hingestellt. Außerdem gibt es noch einen anderen Grund. Gerade in den Jahrzehnten bis 1923 wuchs als Gegenstoß zu allem Chauvinismus und National-Begrenztem das marxistische, kommunistische Internationale hervor. Wenn man 1923 «International» sagte, war das Wort primär marxistisch-kommunistisch geprägt. Damit durfte es nicht verwechselt werden, denn das ist es nicht. Es ist das Allgemein-Menschliche.

Wie verhält sich dieses Allgemein-Menschliche zu dem, was in jedem einzelnen geographischen Gebiet und in jedem Volk gearbeitet wird aus diesem Allgemeinen heraus? Ist es dasselbe? Das ist nicht der Fall. Die Quelle ist zwar dieselbe, aber jeder Mensch hat einen anderen Stoff. Ein Choleriker, ein Melancholiker arbeitet an seinem Stoff, und das ist jeweils eine etwas andere Aufgabe. So sind die Aufgaben, je nach Landschaft und Volk, wo man zu arbeiten beginnt, anders. Es kommt aber aus derselben Quelle. Doch die Früchte, die vom einzelnen erarbeitet werden, sind verschieden, aber alle sind wertvoll und können nicht durch einander ersetzt werden.

Indem der einzelne Mensch sich der Anthroposophie nähert, wird er zunächst heimatlos. Man reißt sich los von aller Naturgrundlage, sonst kann man die Anthroposophie nicht verstehen. Jetzt beginnt diese zu arbeiten, aber man hat nicht denselben Stoff. Man beginnt umzuwandeln, was man in sich hat. Es zeigen sich neue Früchte, die wirken zurück, so daß neue Gaben hinzukommen von dem, was gearbeitet wird in jedem Gebiet. Diese Allgemeine Anthroposophische Gesellschaft darf nicht wie eine Einheit mit Unterabteilungen betrachtet werden; das wäre eine schematische, falsche Darstellung. Es sind selbständige Wesensgestaltungen in jedem Gebiet einer Landesgesellschaft, wo Anthroposophie gearbeitet wird. Von da fließt etwas hinein in das Ganze, was unentbehrlich ist. In Amerika sind andere Möglichkeiten als in Asien, in Norwegen andere als in Italien. Aus jedem Gebiet kommen unentbehrliche Gaben, so daß das Allgemein-Menschliche in der Allgemeinen Anthroposophischen Gesellschaft dadurch wächst. Der Durchbruch hat zwar zuerst stattgefunden aus dem Deutschen heraus, aber in der Überwindung des Begrenzt-Deutschen.

Wenn wir dieses «Schicksalsreich» betrachten, ergibt sich kein gleichgeschaltetes, man muß es denken als ein sehr vielfältiges, tiefes, starkes, in dem alle Qualitäten der ganzen Menschheit darinnen sind, ein Schicksalsreich, wo nicht nur diejenigen da sind, die gerade auf Erden leben, sondern auch alle die verstorbenen Freunde, die natürlich zu keiner Nation mehr gehören. Wenn man Franzose gewesen und gestorben ist, dann bleibt man doch nicht Franzose in der geistigen Welt... Das legt man ab, und es verwandelt sich langsam, und man steigt in die nächste Inkarnation hinein. Es sind die ewigen Individualitäten in diesem Schicksalsreich, also auch alle die verstorbenen Freunde. Aber man ist anders verstorben, je nachdem, ob man Italiener, Norweger oder Franzose gewesen ist. Man hat sogar verschiedene Aufgaben in der geistigen Welt, je nachdem, aus welcher Substanz man da hineinsteigt. Dann muß man auch alle die Ungeborenen, die Noch-Nicht-Hineingestiegenen mit einbeziehen. Das ist doch die Mehrzahl der menschlichen Seelen, die zu dieser geistigen Bewegung gehören, die nicht auf Erden, sondern in der geistigen Welt sich befinden. Nur eine Minderheit ist gerade auf Erden verkörpert. Wir müßen dieses große Schicksalsreich miteinbeziehen, und erst wenn das ganz stark im Bewußtsein lebt, haben wir auch die Kraft, alle irdischen Verhältnisse entsprechend zu durchdringen.

Nun kommen wir zum ersten Mantram im «Grundsteinspruch». «Übe *Geist-Erinnern»: das* ist dieses große Schicksalsreich mit den «Menschen-Welten-Wesen», nicht nur mit den Menschen, auch mit den höheren Hierarchien, mit denen wir verbunden sind, aus denen wir wesen. Der Urgrund dieses Reiches ist liebedurchdrungen, denn alle Schicksalswirksamkeit ist Liebe, Welten-Gottes-Liebe und auch Menschenliebe in einem tieferen Sinne. Der Grundstein ist aber auch ein Liebes-*Stein*. Warum heißt es «Grund*stein»?* Es ist der Vater-Gott, die Ursubstanz, der Wesensgrund – aber warum *Stein?* Ist das nicht ein bißchen zu hart? Wir prüfen das, indem wir anstelle von Liebes-*Stein* sagen: Liebes-*Welle,* Liebes-*Wasser* oder Liebes-*Wolke,* Liebes-*Luft,* Liebes-*Feuer,* Liebes-*Wärme.* Es ist nicht falsch, aber es wäre falsch, wenn es nicht bis zum Boden ginge, bis zum Stein. Es verdichtet sich auf Erden bis zum Mineralischen. Das soll durchdrungen werden, sodaß ein verwandeltes Mineralisches entsteht: es ist der *Gralsstein.* Der Gral, ein Stein, ist das Tiefste, was gewonnen werden kann aus dem Härtesten des Irdischen. Dazu genügt nicht eine flüchtige Berührung, um dann gleich wieder aufzusteigen. Es wird das Tiefste durchdrungen; das Wesen erscheint. Der Gesichtspunkt im ersten Mantram ist, daß es bis zum dreidimensionalen Raum kommt: «Menschenseele!/Du lebest in den Gliedern,/Die dich durch die Raumeswelt/In das Geistesmeereswesen tragen». Die Raumeswelt wird so durchdrungen bis zum Stein, bis zum physischen Leib im ersten Mantram, daß das Wesenhafte erscheint, das Geistwesen. Liebessubstanz ist hier in diesem Schicksalsreich das Entscheidende. Vater-Gott, Seraphim, Cherubim, Throne wirken in den Karma-Gesetzmäßigkeiten und -Geschehnissen.

Wenn wir das betrachten, verweilen wir in einem Gesichtspunkt, den wir nennen können «Gesichtspunkt der *Formzustände».* Es gibt drei große Hauptgesichtspunkte in der Betrachtung der Menschen- und Weltentwicklung. Das sind: Formzustände,

Lebensreiche der Verwandlung und Bewußtseinsstufen. Das alles liegt in diesen drei Mantren.

Was heißt «Formzustände»? Das heißt, daß die dreidimensionale Raumeswelt die unterste Stufe dieser Formzustände ist. Die oberen sind: die höchste geistige Welt – das Devachan; die untere geistige Welt – die Astralwelt und dann der dreidimensionale Raum. Das sind Formzustände. Das ist der Gesichtspunkt im ersten Mantram. Alles ist gerichtet auf Formzustände vom Wesen zu dem am meisten Veräußerlichten, wodurch wiederum das Wesen gefunden wird. «Und du wirst wahrhaft *leben*/Im Menschen-Welten-Wesen.»

Völlig anders ist die nächste Richtung. Jetzt geht es um das «Werden»: «Welten-Werde-Taten», was ständig neu geschieht. Es ist die menschliche Wesensbegegnung. Hier geschieht Neues in jeder Sekunde, in jedem Atemzug. Und da ist das Wichtige: «Du lebest in dem Herzens-Lungen-Schlage». Das Entscheidende findet hier in der Fläche statt zwischen dem Blut und der Luft, zwischen Herz und Lunge. Ich möchte das weiter ausführen. Wir denken uns einmal ganz hypothetisch – um es stark herauszuarbeiten –, daß das Blut nicht da wäre, Herz und Pulsschlag nicht wären, aber Lungentätigkeit, Ein- und Ausatmen. Was wäre der Fall? Wir hätten dann Einatmung, Atemhalten, Ausatmung. Die ausgeatmete Luft wäre genau dieselbe wie die eingeatmete. Das ist sie in Wirklichkeit nicht. Wir denken uns dann, es wäre nur Herztätigkeit – Puls, Blut –, aber keine Weltenluft, kein Ein- und Ausatmen. Sie würde sofort ersterben, wenn sie nicht ständig erneuert würde durch die belebende Begegnung – nicht nur *Begegnung* mit der eingezogenen Luft, sondern eine *Vereinigung*, in der man Luft aufnimmt und sich mit ihr vereinigt und dann wieder etwas von dem, was im Blut geschieht, ausatmet. Das Blut würde sofort unmenschlich werden und zum Tode führen. Lungenatmung wäre sofort nicht mehr menschlich, sondern nur etwas, was hereingeht und herausgeht. Jetzt sehen wir, was an der Berührungsfläche geschieht. Das Innerlichste, was im Blut lebt, öffnet sich für die Welt und vereinigt sich mit dem Umkreis, und dann geschieht Umwandlung, Gestaltung, Umgestaltung. Denn das ist doch das Wichtige beim Blut, daß es niemals stehenbleibt; sondern ständig wird neues gebildet und umgestaltet. Und aus diesem heraus wird dann der ganze Leib umgewandelt. Der Gesichtspunkt des ersten Mantrams ist Formgestaltung und Wesensurgrund. Der Gesichtspunkt des zweiten: was entsteht und vergeht, Gestaltung, Umgestaltung, wo immer die Tendenzen da sind, daß es ein bißchen zu fest oder zu wenig fest wird. Es ist immer eine Frage des Gleichgewichtes. Wie tief geht es in der Form? Stirbt die Form – ist dann nur der Tod da, oder geht es so in die Formgestaltung, daß immerzu eine neue Auferstehung stattfindet, so daß die befeuernde Kraft des Lebens hereinwirkt in das zureichend Feste, dieses überwindend in einer neuen Umgestaltung? Es ist das Feld der Lebenskunst, und es ist das Feld der Begegnung. In jeder Sinneswahrnehmung findet es statt. Aber wir müssen genau unterscheiden, worum es geht. Das Entscheidende sind nicht die Sinnesorgane – das sind Gebilde, die wie Golfströme hereinragen in den Menschen und wodurch wir hinausströmen. Es sind nicht die verschiedenen einzelnen Sinnesqualitäten als weltenkosmische Möglichkeiten – dann wären wir im ersten Mantram. Es ist, was in der *Verbindung* mit dem geschieht, was ich erlebe im Fühlen durch jede Begegnung und durch jedes Erleben der großen Welt des Umkreises, was wirkt im Umkreis. Ich strecke mich da hinein, oder ich habe Furcht und ziehe mich zurück, oder ich verliere mich. Eine bestimmte Krankheit, die katatone Schizophrenie, zeigt dies in ganz schrecklichen Zuständen der Verkrampfung bis zum Koma. Mißt man jetzt den Sauerstoffgehalt im Atmungsvorgang eines Normalen und eines kataton Schizophrenen, zeigt es sich, daß der Kranke zu wenig Sauerstoff aufnimmt, es geht zuviel heraus. Er sagt gewissermaßen «nein» zur Welt. Er will sich nicht mit der Welt vereinigen, kann sich nicht öffnen und sich mit ihr verbinden.

Auf der anderen Seite gibt es ähnlich krankhafte Erscheinungen bei Menschen, die ständig Neues erleben wollen: den «Sauerstoffwollüstlingen». Es handelt sich um diese feine Berührungsstelle, wo das eigene Ich dem Welten-Ich begegnet – nicht nur begegnet, sondern sich damit vereinen will. Das gibt die Qualität in allen Gefühlen. Wenn wir unsere Gefühle prüfen, dann müssen wir gestehen, daß sehr vieles, was in unseren reichen und vielfältigen Gefühlen lebt, ein wenig von dem den Charakterzug hat, daß wir in uns spinnen, sozusagen uns selbst fühlen, daß manchmal die Hauptsache ist, wie ich mich fühle. Dann webt es in sich selbst. Wenn diese Begegnung aber wirklich stattfindet, dann beginnt die Welt im Fühlen zu sprechen. Das Fühlen wird Organ der Weltensprache: «Und du wirst wahrhaft *fühlen* / Im Menschen-Seelen-Wirken». Im ersten Mantram hieß es: «Menschen-Welten-Wesen», jetzt heißt es «Seelen-Wirken» – was geschieht zwischen Subjekt und Objekt. Alles Seelische hat die intentionale Beziehung. Was wird erlebt von einer Innerlichkeit? Das liegt im zweiten Mantram und in allen Übungen auf dem meditativen Erkenntniswege, die sich auf die Reinigung der Gefühle beziehen – Ruhe in den Gefühlen, Positivität –, so daß ständig ein Tiefes in den Gefühlen zu sprechen beginnt. Schon im ersten Kapitel des Buches «Wie erlangt man Erkenntnisse der höheren Welten?» ist von der Vertiefung des inneren Lebens die Rede. Wenn verschiedene Menschen durch eine Landschaft gehen, erlebt jeder ganz Verschiedenes. Einer hat ein oberflächliches, in sich abgekapseltes Gefühl, geht durch einen wunderbaren Wald, sieht nichts und fühlt nur sich selbst. Je nachdem, wie diese Berührungsfläche realisiert wird, beginnt *die Welt* im Fühlen zu sprechen, durch jede Qualität anders. Eine Schneelandschaft spricht ganz anders als ein Tannenwald oder der blaue Himmel oder eine grüne Wiese oder gar das Meer. Es ist ein Reiches, was hier aufblüht auf dem meditativen Erkenntnisweg. Und es ist immer ein Werden, ein Gestalten und Umgestalten – bis zu den Lebensvorgängen im ganzen Menschen. Auch in Krisen, wo man zu toten Punkten kommt und alles sozusagen in die leere Nichtigkeit hineingeht, folgt die Auferstehung: Tod – Auferstehung, Gestaltung – Umgestaltung. Was hier vorgeht, ist das Charakteristische für das Seelenleben und für die zweite große Richtung. Jetzt ist es in den Lebensreichen, in den Weltenrhythmen, wie es sich entwickelt im Zeitenlauf. Das erste Mantram führte in den Raum als unterste Stufe der Formzustände, hier, das zweite zu den Zeiten-Weltenrhythmen.

*3. Mantra*

Wie ist die Richtung im dritten Mantram? «Lasset aus den Tiefen erbitten, / Was in den Höhen erhöret wird...» Es ist das Aufwärtsstrebende in der Erkenntnissuche, die Verstärkung der inneren Kräfte – von den schwachen, toten Gedankenschatten zu einer gesteigerten Bewußtseinstätigkeit, in der man beginnt aufzuwachen. Eine Hauptsäule auf dem meditativen Erkenntnisweg ist diese innere Verstärkung der Möglichkeiten des gestaltenden Denkens, das aufsteigt zu neuen inneren Stufen in diesem Reich. Im dritten Mantram ist es diese Seite des meditativen Erkenntnisweges: das Aufwachen von unten nach oben – Erbitten aus den Tiefen, «was in den Höhen erhöret wird» –, Weltenlicht, Weltgedanken, Bewußtseinsstufen. Das ist die dritte große Möglichkeit, im Unterschied zu Lebensreichen und Formzuständen. Im ersten Mantram ist es umgekehrt: «Geist-Erinnern in Seelentiefen», das Wesen des Urgrundes soll gefunden werden. Alle drei wirken zusammen. Wir sehen hier, wie sie zusammenspielen und wie sie gleichzeitig die Trinität lebendig in sich *Trinität* haben: Vater-Geist in dem, was waltet in den Weltentiefen; Christus-Wille im Umkreis – belebende Auferstehung aus dem Tod, ständig das Leben neu gestalten, formend, umformend im Fühlen, in der Begegnung «das eigne Ich/Dem Welten-Ich/Vereinen»; und dann sehen wir das dritte: Bewußtseinsfrage, Weltenlicht. Wache ich auf oder bleibe ich schlafend? Es ist ein dritter Gesichtspunkt in den Stufen des Bewußtseins. Ist es Trance, ist es Schlaf, Traum, Alltagsbewußtsein, oder geht es darüber hinaus zu neuen, höheren Stufen des Bewußtseinserwachens? «Denn es walten des Geistes Weltgedanken/Im Weltenwesen Licht-erflehend...» Jetzt folgt dieses:

«Lasset aus den Tiefen erbitten,
Was in den Höhen erhöret wird;
Dieses spricht:
In des Geistes Weltgedanken erwachet die Seele.»
Wir sehen diese drei zusammenwirken, und doch sind alle drei individuell gerichtet. Der einzelne Mensch ist angesprochen: «Menschenseele!... Menschenseele!... Menschenseele!» «Du lebest... Du, ... Du...». Jeder spricht zu sich selbst, ganz individuell. Nachdem alle drei erklungen sind – gerichtet an das individuelle Ich im Verhältnis zum Welten-Ich, zum Urgrund und zum Erwachen in den Weltgedanken –, erklingt in dem vierten Mantren: «Wir». «Wir» ist noch nicht in den drei ersten Mantram vorhanden. Wir waren in der Gruppenseele der Familie, des Volkes, des Stammes, wir haben uns losgerissen, sind heimatlose Seelen geworden, jeder einzelne für sich. Jetzt erwacht der einzelne zum Bewußtsein des Allgemein-Menschlichen der ganzen Menschheit. Wir erwachen zum «Wir»:

«Erwärme
Unsere Herzen;
Erleuchte
Unsere Häupter;
Daß gut werde,
Was wir
Aus Herzen gründen,
Was wir
Aus Häuptern
Zielvoll führen wollen.»

Die Gemeinschaftsbildung aus der Möglichkeit, die entsteht nach dem Durchgang durch das ganz Individuelle, ist eine Hauptaufgabe der Allgemeinen Anthroposophischen Gesellschaft: eine wahre geistige Gemeinschaft zu bilden, in der das «Wir» wahr und echt wird und in der auch das Gemeinschafts-Ich – eine höhere Wesenheit – anwesend ist.

# IV.

Wir wollen heute damit beginnen, die drei Mantren des Grund-
stein-Spruches von einer anderen Seite zu betrachten, und zwar
von einer negativen Seite. Dabei ergeben sich drei Negativitäten, die uns allen wohlbekannt sind. Aber es ist sehr aufschluß-
reich, wahrzunehmen, wie verschiedenartig sie sind und auch,
wie sie sich gegenseitig verstärken.

Das erste Grundstein-Mantram ist: «Übe *Geist-Erinnern*»,
und es geht in die «Seelentiefen», zum Wesen, zum Ursprung.
Das Negative davon in dieser Raumeswelt ist das Wesenlose,
leere Nichtigkeit. Das ist doch die Ausgangslage für alle modernen Menschen, die in der Gegenwartszivilisation alles mitmachen, was Erziehung, Universität, Massenmedien und so weiter
mit sich bringen. Der Kosmos ist wesenlos. Es sausen Stoffmen-
gen durch einen großen, leeren Raum; wenn man alle Stoffmen-
gen zusammennehmen würde – dies ist ausgedacht und zusam-
mengerechnet von den Astrophysikern –, machte das nur einen
winzigen Teil von dem leeren Raum aus. Wesenlose Nichtigkeit
– ob das Sterne, Galaxien, Sonnen, Planeten, Monde oder
Kometen sind, es sind eigentlich nur verschiedene Typen von
Molekülzusammenfassungen, verschiedene Stoffaggregationen.
Stoff saust durch das große Weltenall, und die Erde ist ein winzig
kleines Staubpartikelchen, wesenlos leere Nichtigkeit. Das ist
das Umgekehrte von dem ersten Mantram. Fassen wir das
zusammen mit dem Wort «Wesen» für diese Suche nach dem

Urgrund in den Tiefen, zum Vater-Gott, woraus die ganze Menschheit weset und für das umgekehrt mit dem Ausdruck «wesenlos leere Nichtigkeit». Das «Wesen» steht im Verhältnis zur «Raumeswelt», denn es geht bis in die Raumeswelt, in der wir mit unseren Gliedern leben. Auf der Gegenseite ist auch ein Raum: «Leerer Raum» – was darinnen ist, ist wesenlos, insofern auch «leere Nichtigkeit».

**2.** Wir betrachten das zweite Mantram: Hier ist das Motiv das *Werdende*. Etwas formt sich und stirbt, und es folgt wieder die Auferstehung aus dem Tod. Immerzu geschieht Neues durch die Zeit, in den Zeitenrhythmen, die erfüllt sind von dem Geschehen des Werdenden, in dem die Seele sich entwickeln kann. Die könnte man zusammenfassen mit dem Ausdruck: «Feld der Seele». Was ergibt sich als Negativbild? Alles geht zugrunde, alles wird vernichtet, es gibt nichts in der Welt, was nicht nach einer Weile verschwindet, alles stirbt: «Vernichtung». Alles verschwindet sozusagen in ein schwarzes Loch. Zerstörung und Vernichtung, indem sich nichts in einem Werdeprozeß befindet von Tod, Auferstehung und Vereinigung mit dem Welten-Ich – vielmehr geht alles zugrunde und verliert sich.

Das dritte Mantram: *Erwachen in den Weltgedanken*. Die Menschenseele erwacht zu einer höheren Stufe des Bewußtseins in den Weltgedanken. Was ist hier als das Negative zu sehen? «Meinung», persönliche Meinung, persönliche Überzeugung. Selbstverständlich hat jeder Mensch eine andere Meinung, aber selbstverständlich hat das nichts mit der Wirklichkeit zu tun, «es ist nur meine Meinung». «Persönliche Meinung» ist die Negativseite im dritten Mantram.

Diese drei Negativitäten sind uns sehr wohl bekannt. Wer kennt nicht diese Stimmung in der Gegenwart, das ganze Weltenall sei sinnlos und leer, es gäbe nur herumschwirrende Stoffpartikel. Langsam werde es zwar immer komplizierter: Eine Pflanze sei nur komplizierter in ihrer Zusammensetzung von Molekülen, noch komplizierter sei das Tier, am kompliziertesten sei dann der Mensch. Dann verschwinde das alles wieder, es seien nur zufällige Zusammenballungen in der leeren Nichtigkeit. Die zweite Negativität kommt zum Ausdruck in der nicht weniger verbreiteten Stimmung: «Was auch aufgebaut wird, es geht zugrunde, es wird zerstört!» Und die dritte Negativität, in bezug auf die Erkenntnissuche: «Du bildest dir doch nicht ein, daß wirklich ist, was du denkst! Das ist doch nur deine persönliche Meinung – Meinung gegen Meinung, Behauptung gegen Behauptung!» Zu dieser Haltung gehört die Toleranz, alles gelten zu lassen. Wenn ich meine persönliche Meinung habe, so muß ich auch die persönliche Meinung der anderen gelten lassen. Es bleiben also nur vereinzelte, persönliche Meinungen.

Wir können sehen, wie diese drei Negativitäten die allgemeine Ausgangslage bilden für jeden von uns. Man befindet sich in persönlichen Meinungen, in einem wesenlosen, leeren Raum, wo alles zugrunde geht, mit der Zeit verschwindet. – Wir können nun prüfen, in welchem Grad sich diese drei Negativitäten gegenseitig verstärken. Wenn es mir im Feld des dritten Mantrams nicht gelingt, im Erkenntnisvorgang, in meinem schaffenden Denken über die Meinung hinauszukommen zur Weltenobjektivität, und ich in der isolierten Meinung bleibe, dann wird die Welt wesenlos für mich. Je stärker die dritte Negativität wirkt, um so leerer wird der Raum. Wenn ich umgekehrt neue Vorstellungen übernehme aus Zeitungen, Massenmedien, Erziehung, Universität und so weiter, die Welt sei doch sinnlos und bestehe nur aus herumschwirrenden Stoffpartikeln, dann bildet sich die Vorstellung, daß alles, was ich denke, nur etwas ist, was in meinem Gehirn aufsprüht – also auch nur persönliche Meinung ist. Diese Vorstellung verstärkt jene «Meinungs-»Haltung und umgekehrt, so daß sie sich gegenseitig stärker und stärker machen. Und beide erzeugen selbstverständlich die Überzeugung, daß hier keine Auferstehung aus dem Tod stattfindet: Alles geht doch zugrunde! Es ist doch ein Riesenaberglaube, daß etwas aus dem Tod auferstehen könne! Es geht zugrunde, es wird alles vernichtet, wenn man auch die beiden andern Überzeugungen hat. Umgekehrt wirkt es ebenso. Wenn man doch feststellen muß, daß alles zugrunde geht – es war schön, aber es geht zugrunde! –, dann verstärkt das wiederum die beiden andern Richtungen, so daß diese drei eine schlechte Dreieinigkeit bilden, in der die drei sich gegenseitig verstärken. In dieser Ausgangslage befinden wir uns zunächst alle. In diesem schwarzen, leeren, dunklen Raum entsteht die Isolation; denn in der persönlichen Meinung wird jeder einzelne isolierter und isolierter – ist man doch nur in seinem Gehirn und seinem Körper, und was aus dem Körper als Wirrnis aufsteigt, an verschiedenen Molekülwirkungen, das gehört doch nur zu meinem Kopf!

In dieser Lage kann dann der einzelne Mensch aushalten, durchhalten und aufwachen zu einer inneren Erkenntnissuche, die stärker ist als die drei Negativitäten. Alle drei fallen in sich zusammen gegenüber dieser Stärke in der Durchhaltekraft der Wahrheitssuche. Man beginnt die *Meinung* zu überwinden, und sofort beginnt es sich auch in den anderen Richtungen aufzuhellen. Wenn man diese unberücksichtigt lassen und nur aus der dritten Richtung arbeiten würde, fiele man immer wieder zurück zur Meinung. Das Aufsteigen kann nur stattfinden, wenn die drei Positivitäten zusammenwirken. Genauso wie die drei Negativitäten sich nach unten gegenseitig verstärken, ist es nicht möglich, eine der drei Richtungen alleine zu entwickeln. Wir können das innerlich versuchen: Ich will üben, Tod und Auferstehung wahrzunehmen in der Begegnung meines Ichs mit dem Welten-Ich – aber auf der anderen Seite habe ich nur persönliche Meinungen. Dann verschwindet das Erlebnis. «Es ist nicht richtig, es ist nicht wahr, nur ein persönliches Erlebnis!» Man muß alle drei Richtungen gegliedert üben im Aufsteigen, sonst wirken sie nicht.

Indem wir dieses sehen, bemerken wir, wie stark getrennt und isoliert die Ausgangslage ist. Wir könnten das in einem schematischen Bild so zeigen, daß man einen Kreis hat und darin wäre alles Wesenhafte der Welt. Aber der Mensch befindet sich nicht im Zentrum, sondern am äußersten Rand, jeder an einem anderen Ort: Ich stehe hier am Rand und bin nicht drinnen in der Wirklichkeit. Ein anderer steht aber nicht hier, nur ich stehe in meinem Körper an einem bestimmten Platz, ein anderer steht dort, wieder ein anderer steht da, und ich kann nicht zu ihnen gelangen – wenn nicht alle sich hineinbewegen in die wahre Wirklichkeit. Wenn man stehen bleibt an der veräußerlichten Peripherie, ist man hoffnungslos für die Ewigkeit getrennt – nicht nur so getrennt, wie man es jetzt ist, sondern das Getrennt-Sein steigert sich. Wenn man die ganze Weltgeschichte betrachtet in bezug auf das Erleben des Ich-Bewußtseins im einzelnen Menschen als isoliertes Gefühl, dann können wir sehen, daß dieses in alten Zeiten ganz minimal vorhanden gewesen ist. Man fühlte sich *zusammen,* alle waren zusammen in einer starken Gruppenseelenhaftigkeit. Dann geht langsam jeder einzelne immer mehr und mehr hinaus zur Peripherie, und diese wird größer und größer, ferner und ferner von der Wirklichkeit. Wir befinden uns in der Gegenwart schon sehr weit außen, aber noch nicht am Ende, denn es geht viel weiter, und die Isolation wird immer mehr zunehmen in den nächsten Jahrhunderten und Jahrtausenden. Es ist der Weg des Individualismus, an einer Stelle zu sein, wo man arbeitet – und niemand sonst ist an derselben Stelle. Das wird stärker und stärker werden. Nur wenn man da aufwacht und das sieht und es nicht wegwünscht, sieht man, daß es eine Pendelschlagwirkung ist, und die Wesensnotwendigkeit der Suche nach einer wahren Gemeinschaft wird bewußt. Nicht zurück zu der alten Gruppenseele, in der man von selbst drinnen lebte, vielmehr aus diesem Isoliertsein in der persönlichen Meinung, in der Vergänglichkeit und im Wesenlosen aufwachen und jetzt die anderen suchen! Aber das ist nicht einfach. Wenn man «zu direkt» sucht, kommt es zu einer großen Scheinverschmelzung mit intensiver Sympathie. Aber dann erfolgt der Rückschlag, denn so geht es nicht. Man kann sich nicht in einen anderen Menschen hineinschleichen; dann entsteht sofort, je näher man kommt, ein untergründiger Kampf, denn jeder will selbständig sein. Man will doch nicht in den anderen verfließen. Je näher sich zwei Menschen «direkt» kommen, umso stärker hebt ein Kampf an gegeneinander im Unterbewußtsein. Dann prallt es in der Regel auseinander – nicht immer, denn es gibt auch die Möglichkeit, daß der eine den andern unterjocht, denn es gibt einen Willen zu unterjochen und sonderbarerweise in jeder Seele potentiell auch den Wunsch, unterjocht zu werden. Das sind zwei Möglichkeiten: unterjochen wollen und unterjocht werden wollen. In beiden Fällen findet keine Wesensbegegnung statt. In der Regel prallt es dann doch auseinander, weil man selbständig sein will. Wenn man nicht zu einer nächsten Stufe aufwacht, geht es nicht.

«Die Anthroposophische Gesellschaft soll eine Vereinigung von Menschen sein, die das seelische Leben im einzelnen Menschen und in der menschlichen Gesellschaft auf der Grundlage einer wahren Erkenntnis der geistigen Welt pflegen wollen.»[3] In diesem ersten Satz der «Prinzipien der Anthroposophischen Gesellschaft» sehen wir den ganzen Zukunftsimpuls, der in diesem Aufsteigen liegt. Die einzelnen Menschen sind nicht vereinigt. Sie beginnen aber zu suchen. Sie können nicht zusammengerufen werden nach dem Motto: «Seid umschlungen, Millionen!» Das geht nicht. Man muß erst aufsteigen «auf der Grundlage einer wahren Erkenntnis der geistigen Welt». Aufsteigen von der «Meinung» ist nur durch Erkenntnisarbeit möglich, sonst bleibt man an der Peripherie sitzen, wo sich nur ein Gefühlsumschlungensein vollzieht, das sich immer wieder in Nichts auflöst. Es kommt nicht nur darauf an, daß dieses Aufsteigen geschieht in diesem oder jenem Menschen, ebenso wichtig ist der Vorgang der «Pflege des seelischen Lebens», des Werdenden. Das Ganze ist eine Entwicklung, die nicht nur den einzelnen, sondern den einzelnen Menschen und die menschliche Gesellschaft betrifft. Die drei aufsteigenden Richtungen sind die Bedingungen der anthroposophischen Arbeit. Der große Sinn der Anthroposophischen Gesellschaft im großen Weltzusammenhang und im kleinen Zweig, in der kleinsten Gruppe ist es, von dem Isoliertsein der einzelnen aufzusteigen, um dann die anderen finden zu können. Nur, wenn man erst aufsteigt, wacht man auf zu einer nächsten Stufe.

Betrachten wir dieses Aufwachen genauer, indem wir den Bewußtseinsgesichtspunkt des dritten Mantrams einnehmen. Da gibt es Stufen. Die tiefste ist das Trance-Bewußtsein, das dem Bewußtsein der Steine entspricht, deren Gruppenseele im höchsten Devachan ist. Die nächste Stufe ist das Schlafbewußtsein der Pflanzen: keine Träume, keine inneren Bilder, es ist aber bereits eine höhere Bewußtseinsstufe. Die nächste Stufe ist das Traumbewußtsein mit seinen inneren Bildern, aus dem wir am Morgen zu dem alltäglichen Bewußtsein erwachen. In dem alltäglichen Bewußtsein bildet sich in der Zivilisation der Gegenwart die Vereinigung der drei Negativkräfte. Im alltäglichen Bewußtsein hat man «persönliche Meinungen», «es geht alles zugrunde», «die Welt ist wesenlos leere Nichtigkeit in einem unendlich großen Raum». Aber man hat es gemütlich zusammen. Man versucht, Freunde zu finden, dann zerschlägt sich das wieder – Kampf und Liebe, Haß und Liebe in diesem Gebiet –, es strömt zusammen, es geht auseinander, abwechselnd, im alltäglichen Bewußtsein. Da ist anthroposophische Tätigkeit nicht möglich. Sie beginnt erst, wenn man eine Stufe über das alltägliche Bewußtsein hinausgeht. Es erfolgt ein zweites Aufwachen. Wenn man das Alltagsbewußtsein als erstes Feld des Aufwachens nimmt, kommt hier die nächste Grenze für das zweite Aufwachen. Das beginnt da, wo es gelingt, in der Gedankentätigkeit, in der Gedankenanstrengung die persönliche Meinung zurückzustellen. Es beginnt eine Weltenobjektivität im Denken realisiert zu werden durch die Tätigkeit des einzelnen. Es kommt nie von selbst. Das Geistbewußtsein beginnt zu erwachen, Geisteswissenschaft. In diesem Augenblick zeigt sich eine neue Möglichkeit der Begegnung: jetzt kann man den anderen Menschen neu, anders sehen. Jetzt sieht man ihn nicht als seelische und körperliche Erscheinung, vielmehr sieht man die geistige Tätigkeit in dem anderen, die seelisch-geistige Wesenstätigkeit. Wir treffen Freunde, die auf demselben Weg, aber mit einem anderen Ausgangspunkt, sich befinden. Indem wir sehen, wie der andere an sich arbeitet, an diesem Kampf des Aufsteigens, sehen wir seine Geisteswesenstätigkeit. Es ist das Aufwachen am Seelisch-Geistigen des anderen Menschen. Das Seelisch-Geistige kann nicht wahrgenommen werden, wenn es nicht tätig ist. Wenn es schläft, dann sieht man es nicht.

Manchmal sagt man in anthroposophischen Zusammenhängen: «das Aufwachen am anderen Menschen». Das ist eine berechtigte Ausdrucksweise, wenn man sie als Verkürzung des vollständigen Ausdrucks «das Aufwachen am Seelisch-Geistigen des anderen Menschen» meint.

Es ist ein gegenseitiges Begegnen in diesem Felde, wo jetzt jeder einzelne wahrgenommen wird in seiner Biographie. Jeder steht in einem anderen Kampffeld, sein Leben umzugestalten, sein Leben weiterzuführen durch Krisen und Schwierigkeiten. Aber dieses Wesenhafte arbeitet sich hervor, es ist Geist-Wesenheit in dem anderen Menschen. Wenn man sich so begegnet, dann spielt sich nicht gleichzeitig ein untergründiger Kampf ab, dann sind wir tatsächlich Brüder und Schwestern und haben einen neuen Ursprungsquell. Es entsteht eine Gemeinschaftsbildung – der Sinn der Anthroposophischen Gesellschaft, der Allgemeinen Anthroposophischen Gesellschaft in jeder kleinen Gruppe. Es beginnt immer individuell. Erkenntnis kann nicht gruppenhaft beginnen, es beginnt im Individuellen, aber dann finden wir die andern neu. In diesem Neufinden enthält man eine entscheidende Verstärkung.

Wenn man allein bleibt mit seiner anthroposophischen Arbeit, kann man schon ziemlich weit kommen. Dann ist der einzelne gegenüber der ganzen Welt. Aber er hat keine Freunde, er sieht das Bemühen nicht in einem anderen Menschen. Das ist *eine* Möglichkeit: Man kann ziemlich weit kommen, völlig allein. Aber, wenn diese Begegnung stattfindet, kommt eine entscheidende, neue Stufe der innerlichen Verstärkung, besonders der Verstärkung der Kontinuität. Wenn man allein ist und etwas gelingt, verschwindet es nur allzu leicht wieder. Man verliert es und muß wieder von vorne beginnen. Wenn das in der Zusammenarbeit geschieht, sind wir zusammen, auch wenn wir im Raume getrennt sind. Wir können meilenweit voneinander entfernt sein – in der geistigen Wesenstätigkeit sind wir tatsächlich zusammen. Es ist eine innige, neue Gemeinschaft, die sich da bildet.

Wir müssen die Gesetzmäßigkeiten etwas genauer charakterisieren. Wenn wir die erste Grenze des Aufwachens betrachten, zeigt sie sich ziemlich scharf. Gewöhnlich gilt für alle «normalen» Menschen der Gegenwart: Man träumt in der Nacht, und indem man erwacht im Bett, träumt man nicht mehr. Da hat man Kissen, Bettdecken, Wand und so weiter. Man ist mit einem Mal im nächsten Bewußtsein. Natürlich kann man noch ein bißchen liegenbleiben, aber man ist doch wach und weiß, daß man nicht träumt. Es gibt aber Grenzphänomene, wo das nicht der Fall ist. Ungefähr fünf Prozent Ausnahmefälle tauchen auf bei ganz normalen Menschen – zum Beispiel so, daß man aufwacht im Bett und weiß, «das ist das Kissen, das ist die Wand, hier die Bettdecke», aber der Traum geht weiter im Schlafzimmer. Es überkreuzt sich, ist nicht Phantasterei. Manchmal ist es ein bißchen schockierend, wenn das vor sich geht. – Was bedeutet dieser Zustand? Man weiß, daß man die Tür geschlossen hat und niemand im Zimmer ist. Da wacht man auf, wie man glaubt, spürt das Kissen, die Wand – und ein anderer ist da im Zimmer. Das ist Halluzination, aber kein krankhafter Zustand. Es ist so oft der Fall, daß ein psychologischer Ausdruck dafür vorhanden ist – Sie können davon in psychologischen Büchern lesen –: «hypnopompische Halluzination». Diese taucht auf nach dem Schlaf und mischt sich da ein bißchen in das Alltagsbewußtsein hinein, so daß da ein Durchbruch vorhanden ist. Meistens dauert es nur ein paar Sekunden, dann ist es weg. Es kann aber etwas ausgedehnt werden, dann wird es sehr dramatisch: wenn man da im Bett liegt, und der Traum geht weiter im Schlafzimmer. Wenn es in den Tag hinein weitergeht, ist man wahnsinnig. Dann ist man irrenhausreif – zum Beispiel wenn man auf der

Straße geht und plötzlich einen Elefanten daherkommen sieht. Das heißt, daß das Traumbewußtsein sich in das alltägliche Bewußtsein hineinschiebt und es stört. Wenn nur ein bißchen Unruhe an der Grenze entsteht, macht es nichts. Wenn es aber zu stark ist, wird es dramatisch. Es ist eine winzig kleine Minderheit, bei der das geschieht.

Auf der nächsten Stufe gibt es ein erneutes Aufwachen. In einem übertragenen Sinne treten dabei auch «Halluzinationen» auf. Man steigt auf zu dem höheren Bewußtsein im tätigen Erkenntnisleben, indem man über die persönliche Meinung hinauskommt, trifft die anderen Menschen, und plötzlich ragt das alltägliche Bewußtsein hinein – Halluzination hoch zwei (auf dieser zweiten Stufe). Nun ist es viel dramatischer. Die Grenze vom Traum zum Alltagsbewußtsein ist sehr dicht, so daß nur in Ausnahmefällen und bei Wahnsinn hier ein Durchbruch stattfindet. Auf der zweiten Stufe ist die Grenze ein bißchen dünner, so daß hier sehr leicht etwas aufsteigen kann aus dem alltäglichen Bewußtsein und das höhere stört. Das sieht man überall in der Allgemeinen Anthroposophischen Gesellschaft. Man steigt auf von dem alltäglichen Bewußtsein zu der nächsten Stufe der Geist-Erkenntnis, und plötzlich sitzt man in dem ganz gewöhnlichen, alltäglichen Bewußtsein mit den persönlichen Meinungen und schießt das in das höhere hinein. Gewöhnliche Sympathien und Antipathien, die ganz berechtigt sind im alltäglichen Leben, werden hier hineingeschossen. Diese haben denselben Charakter wie krankhafte Halluzinationen, die nicht nur ein bißchen an der Grenze vibrieren, sondern hereinragen ins alltägliche Bewußtsein – mit dem großen Unterschied: wenn diese Halluzinationen aus dem Traumbewußtsein ins Alltagsbewußtsein hereinragen, wird man ins Irrenhaus geführt, wenn aber das Alltagsbewußtsein in das höhere Bewußtsein hineinschießt, wird man nicht ins Irrenhaus geführt. Wir sollten aber sehen, wie dramatisch dieses Aufwachen auf der zweiten Stufe ist und wie da die allergrößten Behinderungen zu überwinden sind – insofern es tatsächlich stattfindet. Wenn man einmal zu Seelisch-Geistigem erwacht, ist es nicht gesichert, daß es das nächste Mal auch geschieht. Denn die Grenze bei diesem zweiten Aufwachen zum Seelisch-Geistigen des anderen Menschen ist sehr dünn. Ist es möglich, diese Behinderungen an einem Beispiel noch genauer darzustellen? Beim Erarbeiten der Geist-Erkenntnis über die persönlichen Meinungen hinaus ist es notwendig, genaue und besonders stark formulierte Gedanken sich zu erarbeiten, sonst ist es nur Nebel. Es muß geprägt werden. Aber jedes Mal, wenn wir einen Gedanken wirklich ausprägen, gestalten, formen, gibt es eine Neigung, daß der Gedanke stirbt und stehen bleibt in einer toten Form. Das erlebt jeder moderne Mensch als Neigung. Dies ist nicht einmal schlecht, denn wir benötigen ein gewisses Gerüst; es wird aber schlecht, wenn man diese Neigung nicht selbst bemerkt. Dann erscheinen die toten Gedankenschatten mit richtigen anthroposophischen Inhalten. Wenn dann dieses Aufsteigen stattfindet, stellt sich wie selbstverständlich eine tiefe innere Abneigung gegen dasjenige ein, was man dann das «Intellektualistische» nennt. Es *ist* intellektualistisch, es *sind* tote Schatten, aber anstatt das zu überwinden durch stärkere Gedankentätigkeit, so daß man zu den geistigen Tatsachen kommt, geschieht es dann oft, daß man nicht denken will. Man will Gemeinschaft haben ohne denkende Erkenntnis, weil es sonst «intellektualistisch» wird. Man will die anderen Menschen «direkt», in einer unmittelbaren Seelenberührung in der Begegnung finden – aber bloß keine Erkenntnisarbeit. – Dabei sinkt man herunter, und es ist keine «Pflege des seelischen Lebens im einzelnen Menschen und in der menschlichen Gesellschaft auf der Grundlage einer wahren Erkenntnis der geistigen Welt». Das verschwindet, und es ist kein anthroposophischer Zweig mehr.

Man erlebt Behinderungen durch dieses Schattenhafte in der Verkrustung der Gedanken, wenn immer dieselben Formulierungen wiederholt werden. Anstatt diese zu durchstoßen, um zu höherer Tätigkeit zu gelangen, sinkt man zurück, sodaß man nicht einmal klare Gedanken hat. Es bleiben Seelenströmungen,

Gespräche ohne Inhalt. Dabei erscheint eine Gruppenseele, die immer sektiererisch ist – genauso sektiererisch wie die Gedankenschatten fixierter Dogmen, die nur wiederholt werden. Es handelt sich hier um zwei verschiedene Typen des Sektiererischen.

Dieses Aufwachen ist ein großer, weltgeschichtlicher Kampf. Es muß realisiert werden in allen Schattierungen, und dann beginnt es langsam zu wachsen. Was geschieht dann? Man muß von der Suche in Seelentiefen auf den Wesensgrund gelangen. Wenn das nicht ernst gemeint wird, sinkt man wieder zurück in die persönliche Meinung. Aber es sind Wesen da. Dabei gelangen wir zu einer sehr wichtigen Stelle. Es gibt zwei Neigungen in den Seelen der Gegenwart, die sich deutlich voneinander unterscheiden: Wesens-Sehnsucht und Wesens-Ablehnung. Viele Menschen – auch solche, die an der anthroposophischen Zweigarbeit teilnehmen – wollen zwar sehr gerne vom Geistigen hören, von geistigen Gesetzmäßigkeiten («Metamorphose der Pflanze? Ausgezeichnet! Reinkarnation und Karma? Ausgezeichnet! Aber bitte keine Wesen, keine Engel, keine Erzengel!»), doch sie wollen nur in ganz *allgemeinen* Gesetzmäßigkeiten und Ideen bleiben, ohne den nächsten Schritt zu den geistigen Tatsachen zu vollziehen, wo immer Wesensbegegnung stattfindet. Das Umgekehrte zu dieser schwierigen Ablehnung oder Zurückhaltung – «Bitte keine Wesen!» – liegt vor in der Wesens-Sehnsucht. Man wünscht «direkte Durchsagen» von der geistigen Welt – Beziehungen zur geistigen Welt, aber ohne Gedankenarbeit. Wir sehen, wie hier die Seele nach zwei Richtungen tendiert. Aber die Wesenssuche, das Ernstnehmen des Wesenhaften in diesem Feld ist unentbehrlich.

Wenn wir das Erdenleben betrachten von der Geburt bis zum Tod und es mit dem Leben in der geistigen Welt zwischen Tod und neuer Geburt vergleichen, zeigt sich die Individualität in ihrer geistigen Entfaltung in zwei völlig entgegengesetzten Lebensformen. Während des Erdenlebens ruht man im physischen Körper und im Ätherleib. Vergleichen wir einmal, wie schwach und dünn das Erkenntnisleben im Ich-Bewußtsein ist gegenüber der wunderbaren Gestaltung der Knochen! Vergleichen wir die weisheitsvolle Sicherheit in der Gestaltung des physischen Leibes mit der hilflosen, tastenden, suchenden Wirksamkeit im eigenen Erkenntnisweg! Stellen wir uns einmal konkret vor, wir müßten einen Knochen durch eigene schöpferische Tätigkeit hervorbringen! Es würde nichts dabei herauskommen – höchstens Plastikknochen! Es wirkt eine starke Kraft im physischen Leib und genauso im Ätherleib. In diesen göttlich-geistigen Schöpfertaten ruhen wir während des Erdenlebens. Ohne diese Grundlage könnten wir nichts tun von der Geburt bis zum Tode. Auf dieser Grundlage, tief eingebettet in die Kräfte, Gesetzmäßigkeit und Weisheit des physischen Leibes und Ätherleibes arbeiten wir, mehr oder weniger, auf dem Wege zur Freiheit. Dann sterben wir. Der physische Leib ist weg, drei Tage bleibt noch der Ätherleib, dann zieht er sich hinaus in die Weite. Hat jetzt die arme, hilflose verstorbene Seele nichts, woran sie sich halten könnte? Müßte sie jetzt nicht im All verschwinden? Das ist nicht der Fall. Von der anderen Seite kommt eine entsprechende geistige Sicherheit. Die verstorbene Seele wird nach den drei ersten Tagen, bis der Ätherleib verschwindet, eingebettet in die Hierarchien, in die höheren Wesenheiten, so wie wir auf Erden eingebettet sind in dieser sicheren Grundlage vom physischen Leib und Ätherleib. Nach dem Tode sind wir eingebettet von der anderen Seite und ruhen in den Wesenheiten von Engeln, Erzengeln, Archai und den höheren Wesenheiten und kommen langsam durch Entwicklungsstufen zu einer selbständigen Tätigkeit auch im Leben zwischen Tod und neuer Geburt – sehr individuell verschieden, genauso wie auf Erden. Einige Menschen sind so unselbständig, so wenig schöpferisch auf Erden, daß das meiste, was da geschieht, Abdruck ist vom physischen Leib und Ätherleib, also zurückzuführen ist auf das körperliche beziehungsweise auf äußere Eindrücke. So gibt es Menschenseelen, die nach dem Tode vorläufig nur eingebettet sind in höhere Hierarchien, bei denen noch keine selbständige Tätigkeit erwacht ist. Jetzt sehen wir die Gesetzmäßigkeit: Je mehr der Mensch auf Erden Überschuß – über die Naturgrundlage hinaus – leistet aus Liebe und Erkenntnis, umso selbständiger wird er nach dem Tode, wenn er in die höheren Hierarchien eingebettet ist und mit diesen zusammenarbeitet. Dazu muß aber vorgearbeitet werden auf Erden. Und umgekehrt gilt: je mehr ein Mensch im Leben zwischen Tod und neuer Geburt zu dieser Selbständigkeit kommt – eingebettet in den höheren Hierarchien – und dann wieder heruntersteigt, umso unabhängiger wird er vom eigenen Körper. Dann kann er da schöpferisch arbeiten. – Diese zwei Möglichkeiten verstärken sich also gegenseitig. Dabei erkennen wir, was geschieht, wenn wir in der anthroposophischen Arbeit hinauskommen über das persönliche Individuelle zu dieser gemeinsamen Arbeit in Zweigen und in der ganzen Allgemeinen Anthroposophischen Gesellschaft.

Indem wir aufwachen und nicht überwältigt werden von dem zweiten Typus der Halluzinationen, die aufsteigen, sind die Engel anwesend. Was sonst nach dem Tode kommt – das Eingebettetsein in den höheren Hierarchien –, beginnt schon vor dem Tode in dieser Arbeit anwesend zu sein. Wir befinden uns in den Wesensreichen der drei Mantren. Diese beginnen aufzutauchen, mitzuwirken, sind anwesend: zuerst die Engel, die sind mehr individuell und verstärken dasjenige, was im einzelnen ist; dann die Erzengel, die bewirken, daß dasjenige, was im einzelnen geschieht, fruchtbar wird für die anderen, so daß das Zusammenwirken gelingt; dann die Archai, die Zeitgeister, die bewirken, daß man nicht zur Sekte wird, sondern sich hineinstellt in die ganze Menschheit, in die Kulturepoche der Gegenwart. Es sind dann Fragen der Gegenwartsaufgaben, an denen man im Zweig arbeitet. Es ist nicht sektiererisch abgeschlossen, es geht um Zeitaufgaben. Die drei Wesensreiche sind dann bewußt anwesend.

Wir stoßen hier zu dem Gesichtspunkt, den Rudolf Steiner entwickelt hat in der schwärzesten Finsternis der Anthroposophischen Gesellschaft, im Winter und Frühling 1923, als die

Anwesenden, vor denen er seine Vorträge hielt, sich völlig zerstritten hatten und gespalten waren in sich bekämpfende Parteien. Zunächst also schien dieses Aufsteigen nicht gelungen. Nun stellt Rudolf Steiner diese Aufgabe und vergleicht sie mit dem religiösen Kultus. In dem religiösen Kultus der Sakramente wird etwas aus geistiger Wesenhaftigkeit durch dieses Geschehen hinuntergeholt auf die Erde, so daß es anwesend ist in den sinnlich geformten Gestaltungen des kultisch-sakramentalen Vorganges. Das ist nicht die primäre Aufgabe der Anthroposophischen Gesellschaft in den Zweigen: da ist es der *umgekehrte* Kultus. Erst steigen die Menschen auf durch Erkenntnisarbeit zu der nächsten Stufe; dort sind die Engel, Erzengel und Archai anwesend – *nach* dem Aufsteigen. Rudolf Steiner stellt das dar in einer markanten Stelle: «Durch den anthroposophischen Zweig werden die Gedanken und Empfindungen der Anthroposophengruppe hinauferhoben in die übersinnliche Welt.» Voraussetzung dazu ist, daß es geschieht, denn es geschieht ja nicht von selbst, sondern nur durch Arbeit. Es ist dieses zweite Aufwachen. «Und wenn in der richtigen Gesinnung erlebt wird der anthroposophische Inhalt von einer Menschengruppe» – das ist die Pflege «des seelischen Lebens im einzelnen Menschen und in der menschlichen Gesellschaft auf der Grundlage einer wahren Erkenntnis der geistigen Welt» –, «wobei Menschenseele an Menschenseele erwacht, wird tatsächlich diese Menschenseele erhoben zur Geistgemeinschaft. Nur handelt es sich darum, daß dieses Bewußtsein wirklich vorhanden ist. Wenn dieses Bewußtsein vorhanden ist und solche Gruppen in der Anthroposophischen Gesellschaft auftreten, dann ist in diesem, wenn ich so sagen darf, umgekehrten Kultus, in dem andern Pol des Kultus, etwas Gemeinschaftsbildendes im eminentesten Sinne vorhanden. Man möchte sagen, wenn man bildlich sprechen will: die Kultgemeinde versucht die Engel des Himmels zu veranlassen, herunterzugehen in den Kultraum, damit sie unter den Menschen seien. Die anthroposophische Gemeinde versucht, die Menschenseele zu erheben in die übersinnliche Welt, damit sie unter die Engel kommen. Das ist in beiden das gemeinschaftsbildende Element.»[19] Eine wahre Gemeinschaft der Zukunft kann nur gebildet werden, wenn Engel, Erzengel und Archai anwesend sind. Wenn es bei den Menschen bleibt, ist entweder jeder isoliert für sich, oder man gehört zu einer alten Gruppenseele, in der man zusammen schwebt. Eine wahre geistige Gemeinschaft der Zukunft gibt es nur beim Aufsteigen, in der Zusammenarbeit, in der dann das nächst höhere Wesensreich anwesend ist. «So kann auch durch dasjenige, was wir gemeinsam erleben, indem wir gemeinsam Anthroposophisches aufnehmen, zwar nicht ein solcher Gruppengeist durch das Blut» – Familie, Volk, Stamm, Rasse – «aber doch ein realer Gemeinschaftsgeist herangezogen werden. Vermögen wir diesen zu empfinden, dann binden wir uns als Menschen zu wahren Gemeinschaften zusammen.»[20] In dem anderen Zitat war die Rede von höheren Wesenheiten – in der Mehrzahl: Engel, Erzengel, Archai – mit drei verschiedenen Qualitäten. Jetzt heißt es «Gemeinschaftsgeist»: eine Wesenheit in jedem Zweig, eine Wesenheit in der ganzen Allgemeinen Anthroposophischen Gesellschaft. Das Gemeinschafts-Ich ist eine höhere Wesenheit, zu der man nur kommt beim Aufsteigen. Wir müssen einfach Anthroposophie wahrmachen – wahrmachen dadurch, daß wir ein Bewußtsein hervorrufen in unseren anthroposophischen Gemeinschaften davon, daß, indem die Menschen sich finden zur gemeinsamen anthroposophischen Arbeit, der eine am Geistig-Seelischen des andern erst erwacht. Die Menschen erwachen aneinander; indem sie sich immer wieder und wieder finden, erwachen sie aneinander, indem jeder in der Zwischenzeit etwas anderes durchgemacht hat und etwas weiter gekommen ist und sich in einem gewandelten Zustand befindet. Wir nehmen wahr, wie der andere an sich gearbeitet hat: das wirksame Seelisch-Geistige. Wenn niemand an sich gearbeitet hat, und man trifft sich, ergibt es einen Klumpen, keinen anthroposophischen Zweig. Jeder arbeitet an sich, dann steigt man auf und nimmt jetzt wahr, was da vorgeht. Das Erwachen ist ein Erwachen im Sprossen und Sprießen, im

Werden. Es ist das zweite Mantram: Überwindung des Todes, ständig neues Leben. Dann steigt langsam der Wesensgrund im Bewußtsein auf.

Man könnte noch viel hinzufügen in bezug auf die Schwierigkeiten und Behinderungen. Denken wir nur daran, daß jeder Mensch Behinderungen in sich hat. Jeder Mensch hat einen starken Doppelgänger – oder zwei oder mehrere Doppelgänger. Es ist ein sehr Vielfältiges, was da an Resten, Behinderungen, Gegenmächten in jedem Menschen wirksam ist. Auch der Gemeinschaftsgeist in einer Gruppe hat Doppelgänger. Jeder Zweig hat seinen oder mehrere Doppelgänger. Sie werden zurückgehalten, wenn man tatsächlich aufsteigt. Wenn man aber nicht aufsteigt, haben sie freien Spielraum. Dann wird das Zweigleben bestimmt durch die Doppelgänger des Zweiges und nicht durch den Gemeinschaftsgeist. So wie jeder einzelne Mensch seine Biographie hat, durch Krisen und Schwierigkeiten – und vielleicht gerade durch die Erfahrung der Krisen zu einem noch viel tieferen Aufwachen gelangt –, so ist dasselbe auch der Fall in der Biographie einer Gruppe, eines Zweiges und der ganzen Allgemeinen Anthroposophischen Gesellschaft.

# V.

In dieser Darstellung wurde die Wichtigkeit der Erkenntnisarbeit als Fundament und Grundlage für jede Tätigkeit in der anthroposophischen Bewegung, in der Anthroposophischen Gesellschaft besonders betont. Nun tauchen Fragen auf: Ist es denn unbedingt notwendig, daß man mit einer Erkenntnisarbeit beginnt? Ist es nicht möglich, sich auch von ganz anderen Seiten der Anthroposophie zu nähern und in ganz anderer Weise, flexibel, das eine und das andere zu tun? Verschiedene künstlerische Tätigkeiten: Eurythmie, Malen, Hausbau, Putzen und so weiter gehören doch dazu. In allen diesen Tätigkeiten gibt es auch eine gewisse Gemeinschaftsbildung, die geübt werden kann.

Zunächst ist zu bestätigen, daß man für solche Fragen völlig offen sein muß und daß die Menschen, die zusammenkommen, ihre Wege und ihre Arbeitsarten finden müssen – je nach den eigenen Fähigkeiten und Möglichkeiten. Sie können sich aber immer selbst prüfen: Ist es ein Kameradschaftsclub, ein Hobbyclub oder geht es wirklich um diese Kulturaufgabe der Anthroposophie? Dann kommt die innere Prüfung, die geht immer in alle drei Richtungen. Man kann nicht ausschließlich das eine, das mittlere Mantram üben – «Lebensverwandlung», «das Werdende», wo man sich in der Begegnung vereinigt – und die beiden anderen Seiten vernachlässigen. Aber genau dasselbe gilt auch für die Erkenntnisarbeit. Wenn man irgendwie sich einbilden würde, es ginge um Erkenntnisarbeit, um das Suchen der Weltgedanken, indem man sozusagen am Text bleibt, und man würde arbeiten und arbeiten, aber die beiden anderen Richtungen unbemerkt nicht berücksichtigen, dann hätte man mit seinem Bemühen keinen Erfolg, dann geriete die Erkenntnisarbeit zu einer Anhäufung von Ideenformulierungen und Ideengestaltungen, sozusagen zu einer artistischen Tätigkeit: Geschicklichkeit im Ideenformulieren. Dieses Ideengebäude würde immer die Neigung haben zu zerfallen. Das wäre keine wirkliche Erkenntnisarbeit, keine Wahrheitssuche, denn in einer wirklichen Wahrheitssuche steigt man ganz hinein in das, was geschieht in der Ideensuche, in der Suche nach den Weltgedanken. Mit dem Innersten der eigenen Existenz steigt man hinein, und dann ist man sofort drinnen in der ganzen Weltentwicklung. Aus diesem Darinnenstehen heraus gibt es immer etwas zu tun – in einer Verwandlung, sonst ist man nicht ganz hineingestiegen. Indem das geschieht, wird jede Idee zu einem Ideal. Ist das nicht der Fall, wird die Idee nicht zum Ideal, dann ist sie abgetrennt von meiner ganzen Existenz, dann stirbt sie. Sie stirbt nicht nur, sondern sie wird schädlich und tötend, während in dem Augenblicke, da man ganz einsteigt, schon unversehens auch das zweite und das erste Mantram darinnen sind: Das Werdende, die Umgestaltung, das Hineinarbeiten, der Idealkraft in die Zukunft, das In-die-Tiefe-Arbeiten – alles dies ist schon darinnen. Deshalb ist die goldene Regel in dem Buche «Wie erlangt man Erkenntnisse der höheren Welten?» von Rudolf Steiner kursiv gesetzt: «*Jede Idee, die dir nicht zum Ideal wird, ertötet in deiner Seele eine Kraft; jede Idee, die aber zum Ideal wird, erschafft in dir Lebenskräfte.*»[21]

Wir sehen, wo wir auch anfangen – je nach den Möglichkeiten –, geht es darum, daß der *ganze* Mensch ergriffen wird. Man kann nichts vernachlässigen und hinausschieben. Ein Suchen nach Lebensverwandlung, indem man die Erkenntnisarbeit liegenläßt, wirkt nicht und mißlingt. Das Ganze muß erfaßt werden, der ganze Mensch, wenn auch jeder, natürlich, in einer etwas anderen Ecke beginnt. Bereits in dem Bemühen in dieser Richtung ist der werdende Mensch in der Ganzheit, auch in der kleinen Ecke, anwesend, wenngleich es im Ansatz etwas anders aussieht – das Ganze ist da! Dann bereitet sich dieses Emporheben des Gewöhnlichen, Alltäglichen vor, aus dem man aufzuwachen beginnt zu der nächsten Ebene, wo die anthroposophische Arbeit beginnt, wo die Begegnung beginnt, das Aufwachen am Seelisch-Geistig-Wirkenden in dem anderen Menschen, wo dieser umgekehrte Kultus beginnt.

Wenn das von Rudolf Steiner gesagt und dann tausendfach wiederholt wurde, taucht immer wieder eine bestimmte, sehr wichtige Frage auf: In der kultisch-sakramentalen Handlung, die zu Recht durchgeführt wird, werden die geistigen Wesenheiten heruntergebeten und können anwesend sein bis in die physisch-sinnlichen Gestaltungen der sakramental-kultischen Handlung. Wenn man diese Tatsache kennenlernt und erkennt, was da vorgeht, dann weiß man, wie tief und radikal lebensumwandelnd diese Kräfte sind, die da wirken. Wenn man dann hört vom umgekehrten Kultus in der anthroposophischen Bewegung, kommt die Frage: Darf man das Kultus nennen? Ist das, was da vorgeht, nicht zu schwach, zu bleich, zu dünn? Kann das gleichwertig genannt werden mit diesem gewaltig starken Lebensumwandelnden, das in dem Sakramental-Kultischen geschieht, wodurch das Geistige heruntergeholt wird und anwesend ist im Sinnlich-Physischen? Ist es zu Recht, dies einen umgekehrten Kultus zu nennen? Wenn ja, müßte es gleichwertig sein.

Erst prüfen wir diese gewaltig starken Kräfte, die in der kultisch-sakramentalen Handlung wirken, die in der Gegenwart durchgeführt werden kann und wodurch die gleichen Kräfte wirken, die schon in den uralten Mysterien wirkten in einem vierteiligen Stufengang: 1. Das Wort, das Geistig-Wesenhafte, Logos ertönt; 2. Stufe: Opferhandlung; 3. Stufe: Verwandlung, Transsubstantiation; 4. Stufe: Kommunion, Vereinigung. – Worum geht es in diesen Stufen? Erst tönt dieses Urwort hervor. Wenn das in einer Menschenseele geschieht, ist das sofort eine

Konfrontation mit allem, was man in sich hat aus der Vergangenheit und was mit dem Urwort nicht mehr übereinstimmt, herausgefallen, getrennt ist. Dann hat jeder Mensch eine gewisse Neigung in sich, dieses Nicht-mehr-Übereinstimmen *nicht* verwandeln zu wollen. «Ich bin so, wie ich bin, und will mich nicht ändern.» Dann hört es auf. – Die nächste Stufe bedeutet, gewillt zu sein, alles, was man in sich hat, zu opfern, wenn es nicht dem wahren Ursprung der Wahrheit entspricht. Die zweite Stufe heißt also Opferhandlung. – Die dritte Stufe bedeutet nicht nur Opfern und Hingeben – diese Geste ist die Voraussetzung dafür, daß das Verwandeln beginnen kann. Der ganze Mensch, die ganze Erde kann verwandelt werden – aber nicht, wenn man stehenbleiben und behalten will, was herausgefallen ist. Dann kann nichts verwandelt werden. Durch Opferhandlung öffnet sich die Tür zur Verwandlung. Insofern die Verwandlung stattfindet, ist es möglich, sich im tiefsten Innern in der Existenz mit diesem göttlichen Urquell, mit Christus, zu vereinigen: Kommunion. Man kommt nicht zur Kommunion – es sei denn über die drei vorausgegangenen Stufen. Die Stufe der Verwandlung kann man nicht übergehen, und man kommt nur zur Verwandlung durch die Opferhandlung. Es sind vier mächtige Stufen, die durch Jahrtausende gewirkt haben.

Prüfen wir nun, ob diese Qualitäten im umgekehrten Kultus darinnen sind. In dem aufkeimenden Arbeiten auf dem Erkenntnisweg ergibt sich immer eine erste Stufe, wo man staunend etwas Neues entdeckt, was über die eigene persönliche Meinung hinausgeht. Bleibt man stecken in der persönlichen Meinung, geschieht nichts. Man entdeckt etwas neues: Gedankenbildungen, bei denen man spürt, daß darin eine geistige Wirklichkeit ist. Wenn das auftaucht im Menschen, zeigt sich sofort eine Diskrepanz, eine Distanz zu dem, was ich alles in mir habe von der Vergangenheit her: alle meine Meinungen, Vorurteile, Triebe, Begierden, Wünsche – meine ganze persönliche Existenz paßt nicht unbedingt mit diesem Neuen zusammen. Es entsteht eine Spannung – es wäre nun so bequem, alles ein bißchen zurückzuschieben oder umzudeuten, sodaß ich alles behalten und so bleiben kann, wie ich gewesen bin. Dann nähme ich nicht ernst, was erschienen ist. Wenn ich das ganz ernst nehme, hat die Wahrheit immer Vorrecht in jeder Erkenntnissuche. Wenn etwas nicht stimmt – will ich es dann der Wahrheit zuliebe opfern? In dem Moment, wenn das geschieht, öffnet sich die Tür, sodaß ich an meiner Existenz arbeiten und sie nach und nach in einem werdenden Prozeß verwandeln kann. Es beginnt immer im Denken, Fühlen und Wollen. Man kann etwas tun im Denken, um es wahrheitsgemäß zu gestalten; man kann das Fühlen reinigen, um es wahrer zu machen; man kann das Wollen sinnvoller gestalten. Es beginnt sofort eine kleine Möglichkeit der Verwandlungsarbeit. Aber es soll nicht stehenbleiben bei den vorübergehenden Gedanken, Gefühlen und Willensrichtungen, indessen alles andere in der ganzen Existenz liegengelassen wird. Vielmehr soll das nach und nach tiefer gehen in die ganze Lebensverhaltensweise, sodaß sie kontinuierlich wird. Bald gibt es keine Grenze, wo es aufhört; es wird die ganze Existenz des Menschen verwandelt. Erst wenn diese Richtung eingeschlagen ist, wenn ich dasjenige, was in der Wahrheitssuche erscheint, ganz ernst nehme, kommen die beiden Stufen Opfer und Verwandlung ein wenig zum Vorschein. Dann erst ist es möglich, daß ich mich wirklich mit dem Wahrheitsgehalt vereinigen kann, sodaß ich drinnen bin in der Sache. Das ist Kommunion.

Großartigerweise hat Rudolf Steiner das schon entdeckt, als er noch sehr jung war, mit 21, 22, 23 Jahren. In seinen ersten schriftlichen Formulierungen für die Einleitungen zur Herausgabe von Goethes Naturwissenschaftlichen Schriften finden wir den berühmten Satz: «Das Gewahrwerden der Idee in der Wirklichkeit ist die wahre Kommunion des Menschen.»[22] In jeder Erkenntnissuche, in der die Idee aufleuchtet in der Wirklichkeit, das heißt wenn die ganze menschliche Existenz drinnen ist in der Sache und die Idee deshalb zum Ideal wird, weil der Mensch sich ganz damit vereinigt, handelt es sich um Kommunion mit dem tiefsten Göttlichen des Weltenalls. Die Möglichkeit dazu liegt in jedem einzelnen, in jeder Individualität – gegenüber dem Weltenall. – Die nächste Steigerung in der Gemeinschaftsarbeit beinhaltet selbstverständlich diese Qualität. Aber zu dieser Kommunion gelangt man nicht, bevor etwas erscheint, geopfert wird und verwandelt werden will. Erst dann ist es möglich, diese intensivste, innerlichste Vereinigung durchzuführen und schon in diesem Leben alle drei Mantren des «Grundstein»-Spruches im Keim anzulegen.

Dieses Keimhafte nehmen wir wahr in dem, was da vorgehen kann in der anthroposophischen Arbeit bei diesem Aufsteigen aus der leeren Nichtigkeit der Gegenwart. Sie ist noch nicht voll von reifen Früchten, noch nicht strahlend von Blüten, manchmal nicht einmal besonders reich an Blättern. Es sind manchmal nur Keime vorzufinden, vielleicht mit ein paar Wurzeln: es sind Keime der Zukunft, die gebildet werden, und sie wachsen in einer Winterlandschaft. Stellen wir uns eine weite eiskalte Landschaft vor. Die Bäume sind ohne Blüten, ohne Blätter. Schnee liegt überall – und Eis. Aber unter der Schneedecke schlummern die Keime für den nächsten Frühling, für den nächsten Sommer. Die Pflanzen erscheinen noch nicht mit Blättern, im Blütenglanz und in der süßen Reife der Früchte. Es ist herb. An dieser herben, inneren Strenge werden wir gewahr, daß die anthroposophische Bewegung, die Anthroposophische Gesellschaft sich auf einem Weg befindet, den man charakterisieren kann als *Winterweg* – als Winterweg durch die eiskalte Landschaft der Gegenwart, in der aber Keime vorhanden sind. Und diese beginnen zu wachsen.

Die Frage drängt sich auf, wie stark sie sich entfalten können, um nach und nach auch Blätter zu treiben, zu blühen, gar Früchte zu tragen, die hineinwirken können in das ganze Kulturleben der Gegenwart. Es soll doch nicht auf der Keimstufe bleiben. Es wäre ein Kurzschluß-Gedanke, zu meinen – wenn man die Schneelandschaft sieht und dann diese Keime wahrnimmt –, das sei nichts wert ohne Blüten, ohne Früchte. Es kommt darauf an, ob es *lebende* Keime sind und inwiefern jener

Zukunftsweg darin erkennbar ist. Die Tür ist geöffnet. Die Kraft und Macht der Winterlandschaft dürfen wir aber nicht unterschätzen. Es wurde das in den drei Negativbildern angedeutet. Im Bild des Wesenlosen des ganzen Weltenalls im Bewußtsein eines jeden Gegenwartsmenschen, der nicht angefangen hat, es zu überwinden und umzugestalten, ist die Ausgangslage: leere Nichtigkeit, wesenloses Weltenall ohne Sinn. Im zweiten Bild wird die Stimmung laut: «Alles, was entsteht, vergeht. Alles, was schön gewesen ist, wird vernichtet. Tod, Sterben, Abgrund.» Das dritte Negativbild schildert schließlich das Stehenbleiben in den persönlichen Meinungen, das Nicht-Aufsteigen-Können in den persönlichen Erkenntnisbemühungen zur Überwindung der Meinung, zu dem, was dann lichtvoll aus den Weltgedanken leuchtet. – Diese drei Negativitäten, die sich gegenseitig verstärken, stehen nicht in neutraler Gleichgültigkeit da, die man einfach anschauen und dann überwinden kann. Es steht hier eine Macht, und zwar eine geistige Wesensmacht. Es wird gezielt gearbeitet aus dem Untergrund, wo die Menschen hineingesaugt werden sollen, von Ahriman selbst mit seinen Scharen – also von jener geistigen Wesenheit, deren Tätigkeit besteht in Geist-Verleugnung mit dem Ziel, die Menschen loszureißen und zu schlucken. Es ist ein Kampf von Geistesabwesenheiten. Indem dieser durch die Stimmung der Nichtigkeit, der Vernichtung und die Isolierung in der Meinung verstärkt wird, wirkt er in den Seelen furchtbar belastend. Dadurch bietet sich die Möglichkeit für einen mächtigen luziferischen Gegenschlag, den wir in der Gegenwart beobachten können, wo Tausende von Menschen die Nase voll haben von der kalten, intellektualistischen, toten Weltauffassung – «das wollen wir nicht haben!» – und sich hineinstürzen in jede beliebige, leicht käufliche luziferische Glückseligkeit. – Wir sehen beide Mächte: eine massive kalte ahrimanische Macht und, mit dem Gegenschlag, der diese Macht noch verstärkt, eine luziferische – mit der leicht käuflichen Glückseligkeit ohne jede Arbeit, ohne jede innerliche Wahrheitssuche, ohne den Mut für den mühsamen Winterweg, wo der Keim erst gepflegt werden muß, der dann langsam zu Blättern, zu Blüten, zu Früchten kommen kann. Ohne diese Entwicklung wäre es ein sinnloser Keim, nur dazu bestimmt, abzusterben. Es sollte der ganze, lange Weg mit kräftiger Kontinuität durchgeführt werden. Aus der Betrachtung der Situation der Gegenwart ergibt sich eine nächste Frage. Wir gewahrten, daß in der Anthroposophischen Gesellschaft im Aufsteigen zur nächsten Stufe der Erkenntnisarbeit etwas vorgeht, was zu Recht genannt werden kann – weil es geistig stimmt – «umgekehrter Kultus», denn es hat vollgültig jene vier Mysteriengrundqualitäten in sich, zunächst keimhaft, aber mit Lebenszukunft, und zwar von Anbeginn. Beim Betrachten dieser intimen Vorgänge, hören wir die Worte Rudolf Steiners: «So kann im Arbeiten der tätig sein wollenden Mitglieder die Anthroposophische Gesellschaft zu einer echten Vorschule der Eingeweihten-Schule werden.»[23] Es ist Mysteriengeschehen, was da vor sich geht. Wenn aber dieses gepflegt werden soll, dann kann die Türe zur Weltöffentlichkeit so offenstehen, daß Neue hinzukommen und mitmachen können mit jeder beliebigen künstlerischen, wissenschaftlichen oder religiösen Überzeugung? Diese Frage wird brennender und brennender, je tiefer wir diese geistige Aufgabe wahrnehmen. Sind die Türen offen? Können sie offenbleiben?

Im vorigen Jahrhundert hätten die Türen nicht offen sein können, denn damals war im öffentlichen Kulturleben keine Möglichkeit dafür, damals hätte man die Türen geschlossen halten und die Arbeit intern, still im Hintergrund durchführen müssen. Das ist jetzt – 1987 – völlig anders! Weil es überall auf den Straßen, in jedem Beruf, wo immer auch ein Mensch lebt, unter den Füßen brennt! Entweder man bemerkt es nicht und geht wie ein Schlafwandler herum, oder man bemerkt es, und Angst steigt auf – man spürt, daß es so nicht weitergeht: Es brennt die Hölle unter den Füßen eines jeden Menschen der Gegenwart, und es ist an der Zeit aufzuwachen. Aber jeder Mensch hat in sich diese dreifältige ahrimanische Angriffsmacht in sich. Die ganze Menschheit hat, nicht ursprünglich, aber nach und nach und besonders in unserer Zeit, einen tiefen Knacks erhalten. Wir sind heruntergefallen. Es ist nicht wahr, wenn man sagt, durch ein wenig Besinnung könne man das Göttliche in sich erfahren. Zunächst muß man sagen: Die ganze Menschheit ist heruntergefallen und hat einen Knacks erhalten. Das ist die eine Seite, aber die andere genauso wichtige Seite ist, daß gleichzeitig die Tür geöffnet ist zum Aufsteigen, zum Auffinden des Neuen, und zwar in jedem Menschen. Darauf weist der erste Satz in dem Buche «Wie erlangt man Erkenntnisse der höheren Welten?» «Es schlummern in *jedem* Menschen Fähigkeiten, durch die er sich Erkenntnisse über höhere Welten erwerben kann».[24] Der werdende Mensch schläft unter der Oberfläche. Jetzt ist es an der Zeit aufzuwachen! Wir beobachten dieses doppelt Dramatische in der Gegenwart: auf der einen Seite einen tiefen Knacks – Heruntergefallen, Opfer und Beute der ahrimanischen und luziferischen Mächte, die den Menschen schlucken würden, wenn es nur diese eine Seite gäbe –, aber auf der anderen Seite ist dieser werdende Keim der Zukunft da in *jedem* Menschen. Die Tür ist geöffnet. Nun kann jeder Mensch durch Besinnung das als eine Wirklichkeit in sich finden. Wenn diese Besinnung aufzublühen beginnt in der Arbeit der anthroposophischen Bewegung – auf diesem langsamen, langen Winterweg –, kann auch die Frage sich erheben: Woher kommt diese neue Öffnung? Woher kommt die Möglichkeit, diesen aufwärtsgehenden Weg durchzuführen im Lernen, trotzdem wir diesen Knacks erhalten haben und heruntergefallen sind? Diese Kraft ist anwesend in uns und kann wahrgenommen werden, aber woher kommt sie?

Diese Frage weist uns hin auf das erste Mantram: «Übe *Geist-Erinnern*». Wir schauen rückwärts und finden dann den Quell: das Mysterium von Golgatha, das Zentralereignis in der ganzen Erden- und Menschheitsentwicklung, ohne das die meisten oder alle Menschen vom Abgrund verschluckt worden wären. Gegen jenen Knacks wirkt das Mysterium von Golgatha im Zentrum. Wir schauen zurück zur Zeitenwende und finden den Quell: Tod und Auferstehung. Das Göttliche lebte nicht nur in den Welten-fernen, die Welt erschaffend. Christus ist heruntergestiegen, hat sich ganz mit der Menschheit und der Erde vereinigt, konkret in einem bestimmten Menschenleib, an einem bestimmten Ort, zu einer bestimmten Zeit, die dadurch zur Zeitenwende wurde. Er hat den ganzen Lebens- und Leidensweg des Menschen auf sich genommen, durchgemacht und überwunden. Den Schmerzens-weg und den Tod durchgemacht und überwunden zu haben, das ist doch die Tat der Christus-Wesenheit: Liebessubstanz, Sich-vereinigenwollen mit der ganzen Menschheit, mit der ganzen Erde. So können wir zurückschauen und den Quell finden von dem, was jeder auch in sich selbst, direkt, finden kann – noch ohne zu wissen, daß es mit dem Mysterium von Golgatha zusammenhängt. Es braucht einer nicht einmal den Namen Christus zu kennen und kann es doch unmittelbar in sich finden. Die vertiefte Erkenntnissuche des Geist-Erinnerns führt ihn dann dazu, zu erkennen, daß es tatsächlich von dieser Quelle kommt.

Ohne dieses Ereignis wäre ich heruntergefallen, es lebt in mir mit allen Früchten dieses Durchganges, der damals geschehen ist.

Hier sehen wir ein völlig Neues unserer Zeit im Verhältnis zu der vorchristlichen Zeit. Wenn die Menschen in der vorchristli-chen Zeit nach der Hilfe durch göttliche Mächte suchten, schau-ten sie immer *aufwärts* zu den göttlichen Mächten. Das genügt nun nicht mehr. Es würde uns auf einen Holzweg führen. Indem wir diese Kräfte in uns finden, müssen wir wahrheitsgemäß *zurück*schauen, und wir finden etwas auf der *Erde*. Das Myste-rium von Golgatha ist auf der Erde geschehen – in einem bestimmten Menschen. Es ist der Keimquell der ganzen weite-ren Menschheitsentwicklung. In den ersten Zeiten nach dem Mysterium von Golgatha lebte das als neue aufleuchtende Zu-kunftskraft in der ganzen Menschheit, auf der ganzen Erde. Es lebte im Gefühl, aber die Menschen waren in den allermeisten Fällen, mit ganz wenigen Ausnahmen, nicht fähig, das erkenntnismäßig zu durchdringen; es lebte im Gefühl, hauptsächlich im Gefühl der Lebensverwandlung. Wie viele Menschen im Mittelalter haben das durchgemacht! Sie haben gefühlt, daß eine vollständige Lebensumwandlung stattfinden mußte. Aber sie konnten es noch nicht erkenntnismäßig finden, waren auf die Tradition angewiesen, also darauf, daß immer weiter und weiter berichtet wurde, daß damals etwas war. Wenn sie dann daran glaubten, so konnten sie diese Quelle finden. Sie fanden sie im Gefühl der Lebensverwandlung. Dieses hat gereicht durch fast zweitausend Jahre – als neue impulsierende Quelle der Lebensverwandlung in Tausenden, in Millionen Menschen. Heute ist das nicht mehr zureichend, weil der große ahrimanische Angriff gekommen ist, der das dreifaltige Negativbild hineinversetzt hat in die Köpfe aller Menschen. Wie fromm man auch ist, wieviel man auch glauben möchte an Christus im Gefühl – sobald man zu denken beginnt, denkt man astrophysikalisch («die Sonne ist ein Gasball aus Molekülen, die herumschwirren» und so weiter). So hat man das ahrimanische Gegenbild in die Köpfe hineinbekommen, was dazu geführt hat, daß eine Mauer gebildet wurde. Wäre es so geblieben, würden die Menschen auch den Christus als Lebensverwandlungsquell im Gefühl verlieren – in einer Zeit, da die luziferisch-ahrimanischen Kräfte so erstarkt sind und versuchen, die Menschen endgültig zu schlucken.

Nun folgt die nächste Steigerung des Mysteriums von Golgatha: nicht eine Wiederholung in dem Sinne, daß eine neue Inkarnation stattfindet, erneut ein Gang durch Tod und Auferstehung in einem Menschen. Das ist nur einmal geschehen in der ganzen Menschheitsentwicklung. Es folgt eine neue Stufe, wo diese Wesenheit bewußt wird im Inneren, im ganzen Leben der Menschheit, auf der Stufe des Ätherischen, sodaß nun die Möglichkeit besteht, sich mit diesem Urquell der menschlichen Existenz auch erkenntnismäßig zu verbinden. Diese Verständnismöglichkeit, sich ruhig und klar mit diesem Wesen zu verbinden, kann aber auch abgewiesen werden, denn diese Wesenheit drängt sich nicht hinein in eine Menschenseele, die diese Verbindung nicht selbst will. Die ahrimanisch-luziferischen Mächte hingegen suchen nach jeder Lücke im Bewußtsein, um sich ohne den Willen des Menschen hineinzudrängen. Das tut Christus nicht. Christus ist anwesend als wirkliche Wesenheit im Ätherischen, in jedem Menschen, in jedem Atemzug, in jeder Menschenbewegung. Aber jeder Mensch kann sich auch dagegen verschließen, es *nicht* haben wollen.

Nun wird der vierteilige Stufengang sichtbar. Es erscheint ein Neues, und sofort ist eine Diskrepanz da zu all dem, was ich aus der Vergangenheit in mir trage. Es kann dann in einem Menschen sogar Trotz aufsteigen: «Ich will nicht, ich will nichts damit zu tun haben, ich genüge mir selbst, so wie ich bin!» Jeder Mensch hat eine gewisse Portion an Stolz, Ehrgeiz und Einbildung in sich. Wenn nur der Mensch das Neue entdeckt, steht er vor der Frage: «Hat die Wahrheit Vorrecht oder hat dein Eigenwillen Vorrecht?» Es ist die Wahrheitsfrage, die Frage, ob die Wahrheit verwirklicht wird – die Existenzfrage der ganzen Zukunft. – Auf der zweiten Stufe – Opferung – ist man gewillt, dasjenige, was sich verhärtet hat und was nicht zum Neuen paßt, hinzugeben. – Auf den dann folgenden Stufen ist man nicht nur gewillt hinzugeben, man ist auch gewillt, umgewandelt zu werden und an sich selbst zu arbeiten – Nur wenn diese Stufen durchgeführt werden, ist es möglich, eine vollwertige Kommunion zu haben, so daß es wahr wird, zu sagen: «Nicht ich, sondern der Christus in mir.» Christus ist dann ganz im Ich des einzelnen Menschen; das ist Kommunion. Ein jeder Mensch kann durch diesen vierstufigen Weg dieses Ziel erreichen, weil die Christus-Wesenheit wirklich anwesend ist. Wenn sie nicht da wäre, könnte man es nicht erreichen.

Beachten wir nun, wie der Grundstein-Spruch ganz individuell beginnt. Die *Menschenseele* wird angesprochen, sie spricht zu sich selbst: «Menschenseele!/Du lebest in den Gliedern/... in dem Herzens-Lungen-Schlage/... im ruhenden Haupte». Man beginnt aufzuwachen, und jetzt geht es tiefer und tiefer auf dem ganz individuellen, aber dreifältigen Erkenntnisweg: Weltgedankenlicht, Lebensverwandlung, Wesenssuche – in der Mitte dieses Mächtige: «aus dem Tod kommt neues Leben». Wir sterben in Christus, sodaß aus dem Tod neues Leben wird. In Christus wird der Tod zum Leben, zum Keim des werdenden Menschen. Das wird im einzelnen geübt. Es ist in jedem Menschen anwesend, auch in dem, was in den Begegnungen zwischen den Menschen vorgeht, in der Keimbildung des umgekehrten Kultus in der anthroposophischen Arbeit, wie klein, wie anfänglich es auch sein mag. Und wiederum ersteht die Frage: Woher kommt das? Dann wird der Blick suchend rückwärts gerichtet, und das Golgatha-Mysterium wird gefunden:

«In der Zeiten Wende
Trat das Welten-Geistes-Licht
In den irdischen Wesensstrom;
Nacht-Dunkel
Hatte ausgewaltet;
Taghelles Licht
Erstrahlte in Menschenseelen...»

Nun tritt etwas Neues in den Vordergrund: Zwei Strömungen: Hirten und Könige. Sie bedeuten die zwei Urwege der sonst sehr vielfältigen Menschheitsgeschichte, zwei Polaritäten: die Abel-Strömung und die Kain-Strömung, die eine wie die andere in mannigfacher Gestalt, aber von völlig verschiedenen Ecken kommend. – Das entscheidende Charakteristikum der Könige ist zu sehen in ihrer Erfahrung und Weisheit, erarbeitet durch viele Inkarnationen, hinsichtlich aller drei Kräfte: Denken, Fühlen und Wollen. Der ganze Mensch, aber von der Seite der Individualität aus, wird bearbeitet im Denken, Fühlen und Wollen für die Kulturaufgaben, aus einer jahrtausendealter Erfahrung, die die edelsten Früchte hervorgebracht hat. Melchior, Balthasar und Caspar – Denken, Fühlen und Wollen –, der rote, der blaue und der grüne König mit ihren Gaben (im «Dreikönigs-Spiel»[25]) ergeben zusammen ein Bild des dreifältig aus der Individualität Arbeitenden. Aber «jede Idee, die dir nicht zum Ideal wird, ertötet in deiner Seele eine Kraft». Wenn die Könige nur Früchte von Weisheitsschätzen ansammeln würden, wäre das der Todesweg. Das tun sie nicht. Das Edelste, was sie sich auf ihrem Weg erarbeitet haben, geben sie hin als Opfergeschenk für die Menschheit, für den Quell der werdenden Menschheit. Das ist der eine große Strom. – Der andere Strom ist die unschuldsreine Ursprungskraft in jeder Menschenseele, die von der paradiesischen Fülle her weiterlebt im Innersten der Herzen: in der Kraft der Hingabe, der völligen Offenheit, der Ehrfurcht – ohne Wissen, ohne Erkenntnisarbeit, ohne Früchte erarbeitet zu haben –, der innersten hingebungsvollen Offenheit des Herzens, im Bewußtsein des göttlichen Ursprungs. Die Hirten – ohne eine Ausbildung wie die Könige, also auch ohne solche Gaben wie diese – hatten doch ihre Herzen mit der ganzen Hingabe, Ehrfurcht und der Unschuldsreinheit des paradiesischen Menschen vor dem Sündenfall. In dem Augenblick, als die Engel erscheinen, können sie es hören. In einer direkten Beziehung tönt es in ihre Herzen hinein; es wird warm, die Herzen werden erwärmt, es leuchtet warm in den Herzen. – Bei den Königen leuchtet es in den Häuptern. Hätten sie nur Schätze aufgehäuft von reichen, sehr weisen Ideen – es wären Schatten, es wäre der Todesweg. Indem sie opfern, leuchtet es auf. Es ist Welten-Wesens-Licht.

Die Christus-Sonne leuchtet und wärmt. Es sind aber zwei getrennte Ströme in der Menschheit; nun nähern sie sich diesem Urquell – dem, was in der Zeitenwende vor sich geht. Das hat Metamorphosen durchgemacht und erscheint in der Gegenwart als die nächste Christus-Erscheinung. Jetzt sind beide Ströme in jedem Menschen anwesend. In der vierten Strophe der Grundstein-Mantren tritt das «Wir» auf, das heißt nicht, daß einige von uns jetzt warme Herzen haben sollen, andere weise, erleuchtete Häupter haben. Es heißt: «Erwärme/Unsere Herzen;/Erleuchte/Unsere Häupter». Jeder Mensch, der in der Gegenwart aufwacht, ist sowohl König als auch Hirte. Beide sind in der Individualität des Menschen neu erobert. Mag man von der einen oder anderen Weltenecke gekommen sein, jetzt ist das

Ganze dieses Zukunftsquells anwesend in jedem Menschen. Wir sehen zunächst diese beiden getrennten Ströme, die befruchtet werden, dann strahlt die Christus-Sonne, und es folgt diese Steigerung zum «Wir», in dem alle diese Kräfte anwesend sind:

«Daß gut werde,
Was wir
Aus Herzen gründen,
Was wir
Aus Häuptern
Zielvoll führen wollen.»

Der Keim ist klein. Es ist der Winterweg in einer Winterlandschaft. Aber darin ist die Zukunft.

Wenn das beginnt aufzutauchen und man dann die Winterlandschaft sieht, ist man der riesengroßen Versuchung ausgesetzt, zu sagen: «Man muß die Außenwelt liegenlassen. Wir sammeln uns und lassen die andern in der Winterlandschaft stehen. Es ist zu groß und schön, als daß man es durch diese Winterlandschaft stören lassen dürfte.» Das ist nicht der Michaels-Weg. Der Michaels-Weg dieser Kulturepoche ist, daß dieses Neue hineinsteigen will in die ganze Kulturwelt, befruchtend, belebend, erneuernd; nichts soll liegengelassen werden. Eine gewaltige Willenskraft wirkt aus der Christus-Sonne, die Menschheit nicht liegenzulassen, sondern hineinzusteigen und mitwirken zu wollen.

Wir sehen hier wiederum das Doppelte, was ich im ersten Vortrag anzudeuten versuchte in den Aufgaben der Anthroposophischen Gesellschaft. Auf der einen Seite: den geistigen Quell wirklich tief und stark zu beleben; auf der anderen Seite: hinaussteigenwollen, um das auch hinaus, durch offene Türen in die Kulturwelt zu tragen – durch offene Türen, durch die jeder hineinkommen kann, wenn er will –, aber niemand soll dazu gezwungen werden. Keine Werbung soll die individuelle Entscheidung beeinflussen, ob man mitmachen will oder nicht. Diese michaelische kosmopolitische Richtung ist lebensnotwendig für die ganze Anthroposophische Gesellschaft. Nicht sich zurückziehen wollen, sondern die ganze innere Kraft entfalten und dann sich hineinstellen wollen!

Wenn wir Schwierigkeiten erleben, daß die Erfolge zu klein sind, müssen wir beachten: Es ist der Winterweg. Deshalb ist ein Doppeltes hier lebensnotwendig: Bescheidenheit, damit man sich nicht einbildet, es sei größer, als es tatsächlich ist, und sich nicht alle möglichen Illusionen vormacht. Aber Bescheidenheit kann auch falsch sein in dem Sinne, daß man sagt: «Ich kann nicht.» Das ist die falsche Bescheidenheit. Die richtige, die starke Bescheidenheit ist, zu sehen, wie klein es ist, aber auch den Keim in der Winterlandschaft und die ganze Zukunft der Menschheit durch Jahrhunderte und Jahrtausende weiter zu sehen, dieses ganze Zukunftsleben in sich zu haben! Das kann auch ausgedrückt werden mit einem sehr schönen Worte von Friedrich Nietzsche. Er hat unterschieden zwischen zwei Typen von Willensrichtungen, Willensqualitäten. Er spricht von «kurzem Willen». Dieser ist ganz berechtigt und notwendig, um zum Beispiel ein Buch von hier nach dort zu legen: Wille, Ausführung, Erfolg oder Niederlage, wenn es nicht gelingt, weil ich es nicht kann. Dann sagt Nietzsche: «Es gibt auch einen langen Willen.» Dieser hat nicht solche kurzen, nahen Ziele, wenn ich nur diese und jene Kleinigkeit verrichte – was natürlich völlig berechtigt ist, denn man muß ja auch «kurze» Willenshandlungen haben. In der anthroposophischen Bewegung braucht man aber auch den langen Willen der Durchhaltekraft. Was auch geschieht, welche Niederlagen, welche Widerstände auch kommen: Durchhaltekraft des Keimes in der Winterlandschaft!

# DER GRUNDSTEIN

Menschenseele!
Du lebest in den Gliedern,
Die dich durch die Raumeswelt
In das Geistesmeereswesen tragen:
Übe Geist-Erinnern
In Seelentiefen,
Wo in waltendem
Weltenschöpfer-Sein
Das eigne Ich
Im Gottes-Ich
Erweset;
Und du wirst wahrhaft leben
Im Menschen-Welten-Wesen.

Denn es waltet der Vater-Geist der Höhen
In den Weltentiefen Sein-erzeugend:
Ihr Kräfte-Geister,
Lasset aus den Höhen erklingen,
Was in den Tiefen das Echo findet;
Dieses spricht:
Aus dem Göttlichen weset die Menschheit.
Das hören die Geister in Ost, West, Nord, Süd:
Menschen mögen es hören.

Menschenseele!
Du lebest in dem Herzens-Lungen-Schlage,
Der dich durch den Zeitenrhythmus
Ins eigne Seelenwesensfühlen leitet:
Übe Geist-Besinnen
Im Seelengleichgewichte,
Wo die wogenden
Welten-Werde-Taten
Das eigne Ich
Dem Welten-Ich
Vereinen;
Und du wirst wahrhaft fühlen
Im Menschen-Seelen-Wirken.

Denn es waltet der Christus-Wille im Umkreis
In den Weltenrhythmen Seelen-begnadend:
Ihr Lichtes-Geister,
Lasset vom Osten befeuern,
Was durch den Westen sich formet;
Dieses spricht:
In dem Christus wird Leben der Tod.
Das hören die Geister in Ost, West, Nord und Süd:
Menschen mögen es hören.

Menschenseele!
Du lebest im ruhenden Haupte,
Das dir aus Ewigkeitsgründen
Die Weltgedanken erschließet:
Übe Geist-Erschauen
In Gedanken-Ruhe,
Wo die ew'gen Götterziele
Welten-Wesens-Licht
Dem eignen Ich
Zu freiem Wollen
Schenken,
Und du wirst wahrhaft denken
In Menschen-Geistes-Gründen.

Denn es walten des Geistes-Weltgedanken
Im Weltenwesen Licht-erflehend:
Ihr Seelen-Geister,
Lasset aus den Tiefen erbitten,
Was in den Höhen erhöret wird;
Dieses spricht:
In des Geistes Weltgedanken erwachet die Seele.
Das hören die Geister in Ost, West, Nord, Süd:
Menschen mögen es hören.

In der Zeiten Wende
Trat das Welten-Geistes-Licht
In den irdischen Wesensstrom;
Nacht-Dunkel
Hatte ausgewaltet;
Taghelles Licht
Erstrahlte in Menschenseelen;
Licht,
Das erwärmet
Die armen Hirtenherzen;
Licht,
Das erleuchtet
Die weisen Königshäupter –

Göttliches Licht,
Christus-Sonne,
Erwärme
Unsere Herzen;
Erleuchte
Unsere Häupter;
Daß gut werde,
Was wir
Aus Herzen gründen,
Was wir
Aus Häuptern
Zielvoll führen wollen.

# Nachbemerkung zur Weihnachtstagung in Den Haag

Im Spätherbst und Winter des Jahres 1985 führte das Begehren und der Wunsch, sich mit den intimsten Grundlagen anthroposophischen Arbeitens, mit dem Grundstein zur Begründung der Allgemeinen Anthroposophischen Gesellschaft an der Weihnachtstagung 1923/24 vertiefend zu beschäftigen, einige wenige Menschen zusammen. Im Rahmen der «Sektion für das Geistesstreben der Jugend» wurde in deren «Mitteilungsblättern» im Dezember 1985 ein erster Ausblick auf einen möglichen Werdegang dieses Impulses gegeben:

«Vorblick auf eine Weihnachtstagung 1986/87»
«Seit längerer Zeit ist bei einigen Mitarbeitern der Jugendsektion der Wunsch aufgetaucht, im Rahmen dieser Sektion an dem Spruch zu arbeiten, den Rudolf Steiner als Grundstein der Anthroposophischen Gesellschaft während der Weihnachtstagung 1923/24 den Mitgliedern gegeben hat. Er ist damals als Keim in die Herzen der anwesenden Mitglieder gelegt worden, damit die Arbeit der Anthroposophischen Gesellschaft darauf bauen könne. Was ist bis heute darauf gebaut worden? Wie kann der ‹Grundsteinspruch› heute in die Seelen aufgenommen werden?

Ein großes Arbeitsfeld für jeden, der sich mit der Anthroposophischen Gesellschaft verbinden möchte, liegt hiermit vor. Wie wollen wir die anthroposophische Arbeit heute und in der Zukunft gestalten, indem sie auf diesen Grundstein baut?

Anthroposophische Gesellschaft spielt sich zum großen Teil in unseren Zweigen, Arbeitsgruppen und Tagungen ab. Daneben und oft unberührt von diesen Geschehnissen verläuft die tägliche Arbeit in den anthroposophischen Einrichtungen oder in sonst irgendeiner Tätigkeit. Dabei bekommt man doch manchmal den Eindruck, daß diese beiden Bereiche recht wenig miteinander zu tun haben. Beides läuft getrennt nebeneinander her, fast wie bei den Rosenkreuzern, wo diese Form von Trennung von geistiger Arbeit und täglicher Berufspraxis durchaus zeitgemäß war. Heute aber können wir uns eine ‹Feiertags-Gesellschaft› nicht mehr leisten. Oft genug hat sich Rudolf Steiner vor der Weihnachtstagung 1923/24 über die Verselbständigung anthroposophischer Einrichtungen beklagt. Anthroposophische Gesellschaft sollte auch das praktische Leben in allen seinen Auswirkungen durchdringen können (siehe § 3 der Prinzipien der Anthroposophischen Gesellschaft).

Mit solchem Anliegen kann man sich in die Grundstein-Meditation vertiefen, gerade mit dem Ziel diese Vertiefung später im praktischen Tun wieder fruchtbar werden zu lassen.»

Bereits in diesem anregenden Ausblick ist diejenige Spannung enthalten, welche charakteristisch für die nun sich bildenden Arbeits- und Vorbereitungsgruppen als auch für die Tagung wurde, in die alles münden sollte. Diese Spannung findet klarsten Ausdruck in den Worten Rudolf Steiners: «Wie verbinden wir die volle Öffentlichkeit mit der tiefsten, ernstesten, innersten Esoterik?» (GA 260, S. 92). Daß diese Frage nicht einer bündigen Antwort bedarf, sondern dazu auffordert, die in ihr genannte Verbindung immer von neuem zu schaffen, macht deutlich, daß es sich um eine Lebensfrage handelt. Das stete Wachsen des Menschenkreises, der sich aktiv gestaltend für die Tagungsvorbereitung einsetzte, bestätigte die Dringlichkeit, Aktualität und den Ernst dieser Frage. Sie lebte in vielen, und sie lebte in verschiedenster Art, da ein jeder sich auf seine Weise mit dieser Frage verbunden fühlte. Aber ungeachtet der naturgemäß darin mitenthaltenen Differenzen und Widersprüchlichkeiten war das Bedürfnis, zusammenzukommen und sich in dem Ganzen eines – wenngleich begrifflich kaum klar zu begrenzenden aber doch im Erlebnisreich jeder einzelnen Seele vehement und kräftig sich bekundenden – Wollens zu finden, stark und vereinte in sich die mannigfaltigsten Empfindungen von zögernder Erwartung bis hin zu freudiger Hoffnung, von reservierter Skepsis zu rückhaltlos begeisterter Bejahung. Im Juni des Jahres 1986 erging abermals ein nun schon sehr viel konkreteres Schreiben an Freunde und Mitarbeiter der Jugendsektion:

*«Liebe Freunde!*
*Zur Jahreswende 1986/87 wollen wir zu einer Zusammenarbeit am Grundstein-*
*spruch der Anthroposophischen Gesellschaft in Den Haag einladen. Mit diesem*
*Schritt wollen wir zu einer intensivierten gemeinsamen Arbeit innerhalb der*
*Jugendsektion kommen.*
*In den Bedrohungen, welche dem Mensch-Sein entgegenrollen, wird immer*
*deutlicher, wie sich der Kampf um das ‹Menschenbild› entscheidenden Momenten*
*nähert. Erdumspannende Mächte wirken in einer derart brutalen Gewalt, daß nur*
*allzu deutlich wird, wie fruchtlos die Proteste und Entgegnungen auf den Schau-*
*plätzen der Öffentlichkeit sind.*
*Wie können wir auf dem Boden einer echten Menschen- und Naturerkenntnis*
*mithelfen, unserer Zivilisation eine neue, aufbauende Richtung zu geben? Welche*
*Qualität braucht unsere Erkenntnis, unser Empfinden und Wollen, um – statt*
*ausgeschaltet – tüchtig zu werden? Wir sind aufgefordert, den inneren Willen zu*
*entfachen, die Frage nach Weg und Wert des Menschen uns selbst gegenüber*
*vorbehaltloser, radikaler zu stellen. Hieraus werden sich Einsichten oder auch*
*bloß Ahnungen ergeben, denen wir im praktischen Dasein Leben zu verleihen*
*suchen.*
*Für den Aufbau einer neuen menschenwürdigen Kultur brauchen wir ein immer*
*tiefer zu erringendes Menschenbild, das in konzentriertester Form von Rudolf*
*Steiner im Grundsteinspruch als Selbsterkenntnis-Aufforderung dargelegt worden*
*ist. Zugleich wurde mit der Weihnachtstagung 1923/24 ein Menschenzusammen-*
*hang begründet, der der Pflege und Entwicklung dieses Menschentums dienen*
*will.» (Zitiert nach einem Rundbrief der «Sektion für das Geistesstreben der*
*Jugend» vom 24. Juni 1986.)*

Die Rückbesinnung auf das Ereignis der Weihnachtstagung 1923/24 war verbunden mit der Frage, wie dieser welthistorische Impuls sich zu der gegenwärtigen Situation der Allgemeinen Anthroposophischen Gesellschaft verhalte; wie die Betrachtung einer der Vergangenheit angehörenden zentralen Tatsache der Geschichte der Anthroposophischen Gesellschaft zu dem Moment einer qualitativ verändernden Umstülpung gelangen könne, an welcher dieselbe geistige Kräftesubstanz, die damals geschichtsbildend wurde, in der gegenwärtigen anthroposophischen Arbeit ebenso unverändert als neu aufscheint. Ob der damit angedeutete Aspekt einer überzeitlichen Kontinuität anthroposophischer Wirksamkeit in den auf allen Lebensgebieten bestehenden anthroposophischen Einrichtungen noch innewohne, lebte als Frage; daß es so sein müsse, war Überzeugung.

Als nun am 28. Dezember 1986 alle Menschen, die sich zu der Tagung angemeldet hatten, zusammengekommen waren, war es beeindruckend, die Fülle der vertretenen Nationalitäten wahrzunehmen: Aus 22 verschiedenen Ländern (aus den Vereinigten Staaten, aus Kanada, Brasilien, Kolumbien, Jugoslawien, Polen, Ungarn und allen anderen europäischen Nationen) kamen die Teilnehmer, und ein Versuch, dem internationalen Charakter des versammelten Menschenkreises gerecht zu werden, war, daß alle Veranstaltungen zweisprachig (Deutsch/Englisch) gehalten wurden. Die Vorträge von Jörgen Smit wurden in separaten Kolloquien ins Englische übersetzt, und schließlich kamen die Oberuferer Weihnachtsspiele zur Aufführung: das Paradeisspiel auf Englisch, das Christgeburtspiel auf Holländisch und das Dreikönigsspiel auf Deutsch. Es war aber auf der anderen Seite nicht allein nationale Vielfalt als vielmehr die Begrenztheit und Enge der eigenen Person, welche gerade in den freien Gesprächen der Plena immer wieder ins allgemeine Bewußtsein stieß. Zur Erfahrung wurde, wie klein, unscheinbar und keimhaft noch jene Anlagen ausgebildet sind, die ein fruchtbares Zusammenwirken auf den Boden der Wirklichkeit zu stellen vermöchten. Verschiedenheit der Meinung, Vorstellung und des Wunsches in bezug auf die Gestaltung anthroposophischer Arbeit machten auf der einen Seite ihre auseinandertreibenden Kräfte geltend, während auf der anderen Seite aus einer Überschau dieses Phänomens immer wieder der Wille quoll, solches Aneinander-Scheitern produktiv werden zu lassen in einem gemeinsamen Prozeß des miteinander Lernens.

Die Vorträge von Jörgen Smit erwiesen sich hier als integrierender Bestandteil, als Kernstück der ganzen Tagung. Was ungestaltet und dumpf rumorend in den Seelen der Zuhörer leben mochte, es erhielt in seinen Ausführungen unmißverständlich Gestalt. Die aus dem Kreis eigenster Lebenserfahrungen sich in je individueller Art ankündigende Frage erlangt in dem ihr eignenden Begriff umfassende Bedeutung. Und erst im Angesicht derart geklärter Erkenntnis dämmert eine Ahnung von der Wahrheit des eigenen Wesens. In diesem Sinne waren die Vorträge für einen jeden verbindlicher Gehalt, und in allen anderen Zusammenkünften und künstlerischen Arbeitsgruppen war spürbar, wie dieser Gehalt der Verwandlung und Wandlung ins Soziale zustrebte. Niemand konnte gesonnen sein, das Gehörte als unverbindliche Ausführungen über den «Grundsteinspruch» hinzunehmen. Das Bedürfnis nach Verwirklichung, nach Lebenspraxis aus esoterischer Arbeit ging aus der Art der Darstellung als Prinzip hervor. Um Verbindung von Erkenntnis- und Willenstätigkeit war es ja allen zu tun. Wie diese in der Geistesgegenwart, im Durchstoßen der zeitlichen Beschränktheit eines Augenblicks hin zur Ewigkeit Vollzug werden kann, schilderte Jörgen Smit in einem kurzen Beitrag im abschließenden Plenum. Dieser Beitrag wurde nicht auf Band mitgeschnitten. Eine stark gekürzte, freie Wiedergabe erfolgt nach schriftlichen Notizen:

*Ein Ausspruch Goethes lautet: «Man reist nicht, um anzukommen.» Ist die Aufmerksamkeit nur auf das Ziel gerichtet, so verschwindet die Gegenwart. Die Gegenwart wird erst wahrnehmbar in völliger innerer Ruhe. Wenn man mit Gedanken und Vorstellungen immer schon in der Zukunft lebt, so hat das in bezug auf die Gegenwart den Charakter der Illusion. Dies trifft auch zu für ein nur in die Vergangenheit gerichtetes Bewußtsein.*

*Vergangenheit und Zukunft weben aber ineinander in der Gegenwart. Der Augenblick kann so erlebt werden, daß weder seine permanente Flüchtigkeit und Vergänglichkeit noch seine Unvollkommenheit als wesentlich erscheinen.*

*In diesem Moment durchstößt man die Oberfläche des Augenblicks hin zur Ewigkeit. Die Kraft, die solches Durchstoßen möglich macht, ist die Kraft der inneren Ruhe. Je stärker diese Kraft wird, desto mehr kann im Augenblick anwesend sein. Man tritt aus den Bedingungen von Zeit und Raum heraus und bemerkt, wie diese nicht das Wesentliche sind. Ob jemand in einem kleinen Zweig arbeitet oder ob jemand die Möglichkeit hat, in einer breiten Öffentlichkeit wirksam zu werden, spielt von diesem Standpunkt aus keine Rolle. Wesentlich ist, daß aus dieser Kraft der inneren Ruhe heraus ein geistiges Zusammenwirken erreicht wird, über das nicht nach Maßgabe äußerer Verhältnisse ein Urteil gefällt werden kann. Das eine ist nicht wesentlicher als das andere. Wesentlich ist, daß es wahr ist. Ob wir uns dabei räumlich treffen oder voneinander getrennt sind, ist nicht von Bedeutung. In der Ewigkeit sind wir alle miteinander verbunden.*

Stefan Weishaupt

# Anmerkungen

1 Rudolf Steiner, Anthroposophische Gemeinschaftsbildung. GA 257, 2. Aufl. 1974. Vortrag vom 23. Januar 1923.

2 Die Mantren der Grundstein-Meditation sind in folgenden Ausgaben abgedruckt:
Die Weihnachtstagung zur Begründung der Allgemeinen Anthroposophischen Gesellschaft 1923/1924. GA 260, 4. Aufl. Dornach 1985.
Wahrspruchworte. GA 40, 4. Aufl. Dornach 1978.
Die Grundsteinlegung der Allgemeinen Anthroposophischen Gesellschaft, 1923/1924. Separatdruck, Dornach 1986.

3 Die «Prinzipien der Anthroposophischen Gesellschaft» sind abgedruckt in: Rudolf Steiner, Die Weihnachtstagung zur Begründung der Allgemeinen Anthroposophischen Gesellschaft. GA 260, 4. Aufl. Dornach 1985. Diese «Weihnachtstagungs-Statuten» (heute «Prinzipien» genannt) sind zusammen mit den im Handelsregister eingetragenen «Statuten der Allgemeinen Anthroposophischen Gesellschaft» in einer Broschüre abgedruckt (mit Aufnahme-Antrag in die Allgemeine Anthroposophische Gesellschaft), die beim Sekretariat der Allgemeinen Anthroposophischen Gesellschaft am Goetheanum in Dornach angefordert werden kann.

4 Rudolf Steiner und die Zivilisationsaufgaben der Anthroposophie. Ein Rückblick auf das Jahr 1923. Herausgegeben von Marie Steiner. Dornach 1943, S. 114.

5 In: Rudolf Steiner, Die Konstitution der Allgemeinen Anthroposophischen Gesellschaft und der Freien Hochschule für Geisteswissenschaft. Der Wiederaufbau des Goetheanum 1924/1925. GA 37/260a, 3. Aufl. Dornach 1966, S. 80ff. – Ebenfalls in: Rudolf Steiner, Anthroposophische Leitsätze. Der Erkenntnisweg der Anthroposophie. Das Michael-Mysterium. GA 26, 8. Aufl. Dornach 1982, S. 42ff.

6 Rudolf Steiner, Die Geschichte und die Bedingungen der anthroposophischen Bewegung im Verhältnis zur Anthroposophischen Gesellschaft. GA 258, 3. Aufl. Dornach 1981, Vortrag vom 11. Juni 1923.

7 Siehe Anm. 3.

8 Rudolf Steiner, Die Philosophie der Freiheit. Grundzüge einer modernen Weltanschauung. Seelische Beobachtungsresultate nach naturwissenschaftlicher Methode. GA 4, 14. Aufl. Dornach 1978.

9 Rudolf Steiner, Die okkulte Bewegung im neunzehnten Jahrhundert und ihre Beziehung zur Weltkultur. GA 254, 3. Aufl. Dornach 1969, Vortrag vom 11. Oktober 1915.

10 Siehe Anm. 4, S. 151, 153.

11 Siehe Anm. 8, Kap. I: «Den Handelnden und den Erkennenden unterschied man, und leer ausgegangen ist dabei nur der, auf den es vor allen andern Dingen ankommt: der aus Erkenntnis Handelnde.»

12 Siehe Anm. 4, S. 154.

13 Rudolf Steiner, Aufbaugedanken und Gesinnungsbildung. Herausgegeben von Marie Steiner. Dornach 1942, S. 13f.

14 Während der Tagung wurde der Grundstein-Spruch jeweils eurythmisch dargestellt (siehe Seite 98).

15 Siehe dazu «Ein Rückblick auf das Jahr 1923»: Anm. 4.

16 Faksimile des Programmes siehe in GA 260 (Anm. 17).

17 Rudolf Steiner, Die Weihnachtstagung zur Begründung der Allgemeinen Anthroposophischen Gesellschaft 1923/1924. GA 260, 4. Aufl. Dornach 1985. Vortrag vom 24. Dezember 1923.

18 Rudolf Steiner, Wie erlangt man Erkenntnisse der höheren Welten? GA 10, 22. Aufl. Dornach 1975.

19 Rudolf Steiner, Anthroposophische Gemeinschaftsbildung, GA 257, 2. Aufl. Dornach 1974, Vortrag vom 3. März 1923.

20 Siehe Anm. 19, Vortrag vom 27. Februar 1923.

21 Siehe Anm. 18, S. 28.

22 Rudolf Steiner, Goethes Naturwissenschaftliche Schriften. GA 1, 3. Aufl. 1973, Kap. VI: Goethes Erkenntnis-Art.

23 Siehe GA 37/260a (Anm. 5), S. 83.

24 Siehe Anm. 18, S. 16.

25 Am Abend des 2. Januar 1987 – am Vormittag wurde dieser Vortrag gehalten – fand die Aufführung des Oberuferer Dreikönigspiels statt. (Weihnachtsspiele aus altem Volkstum. Die Oberuferer Spiele. Dornach 1981.) Siehe Nachwort.